本书受北京印刷学院"国家级一流专业——编辑出版学

U0681369

美国梅里迪斯集团杂志创新研究

叶新 郭星秀 张雨 编

人民日报出版社

北 京

图书在版编目（CIP）数据

美国梅里迪斯集团杂志创新研究 / 叶新，郭星秀，张雨编 . — 北京：
人民日报出版社 , 2022.7

　ISBN 978-7-5115-7409-1

　Ⅰ．①美…　Ⅱ．①叶…　②郭…　③张…　Ⅲ．①期刊工作－企业集团
－企业经营管理－经验－美国　Ⅳ．① G237.5

　中国版本图书馆 CIP 数据核字（2022）第 122546 号

书　　名：**美国梅里迪斯集团杂志创新研究**
　　　　　MEIGUO MEILI DISI JITUAN ZAZHI CHUANGXIN YANJIU
作　　者：叶　新　郭星秀　张　雨

出 版 人：刘华新
责任编辑：张炜煜　贾若莹
封面设计：赵广慧

出版发行：人民日报出版社
社　　址：北京金台西路 2 号
邮政编码：100733
发行热线：（010）65369527　65369509　65369512　65369846
邮购热线：（010）65369530　65363527
编辑热线：（010）65369514
网　　址：www.peopledailypress.com
经　　销：新华书店
印　　刷：河北信德印刷有限公司
法律顾问：北京科宇律师事务所　010-83622312

开　　本：710mm×1000mm　1/16
字　　数：150 千字
印　　张：11.75
版次印次：2022 年 8 月第 1 版　　2022 年 8 月第 1 次印刷

书　　号：ISBN 978-7-5115-7409-1
定　　价：49.00 元

目 录

前　言

多年来，美国杂志出版集团不断创新，在多方面进行转型与突破。笔者一直对其密切关注，不断研究总结，并整理成书。继2007年出版《美国杂志的经营与出版》和2014年出版《美国杂志出版个案研究》后，笔者继续带领团队对美国梅里迪斯集团这一个案进行深入剖析，撰写多篇研究论文，从而形成本书——《美国梅里迪斯集团杂志创新研究》。

本书第一篇文章《美国梅里迪斯集团杂志创新研究》是笔者指导的硕士论文，也是笔者所带领团队的最新研究成果。作者张雨是北京印刷学院2017级新闻传播学专业硕士研究生，2020年6月毕业。张雨同学在笔者的指导下掌握了一手资料，以梅里迪斯集团的杂志经营业务作为案例展开论述，对其2010年至2019年的相关资料，特别是年报，进行整理和分析。这篇近4万字的论文采用跨学科的研究视角，以熊彼特创新理论为理论框架，从梅里迪斯集团杂志创新生态环境入手，并用SWOT战略分析模型对企业生存的外部环境和内部状况展开分析，将梅里迪斯集团杂志创新的优势、劣势、机遇和威胁一一列举。基于美国消费类杂志宏观的经济环境和产业环境，通过对梅里迪斯集团杂志创新的举措进行分析，归纳出了它的杂志创新模式，窥见美国消费类杂志创新模式之一斑，有利于我国传统杂志应对当下的生存危机、探索中国特色的创新之路，因而具有较强的理论性、实用性和当下意义。

美国梅里迪斯集团自成立以来，到今天已经有120年的历史，它从一本农业杂志发展到今天，已经是美国最大的杂志出版集团、美国最大的传媒巨头之一。它以杂志起家，现在仍以杂志为主，是杂志创新转型的典型代表。该集团主要分出版和广播电视两大部分业务，虽然"纸媒已死"的言论甚嚣尘上，但梅里迪斯集团仍在不断寻求突破，在杂志的转型和创新方面进行了许多尝试，而且它的广播电视业务也对出版业务起着极大的支撑作用，二者相得益彰。

梅里迪斯集团杂志经营的理念就是要成为"美国家庭观念的守护神"，其旗下杂志数量众多，而且非常注重品牌经营。该集团不断尝试品牌延伸，在发挥已有杂志品牌优势的基础上，通过并购来拓展其杂志阵营，还采取在美国等西方发达国家盛行的"定制出版"策略，进行合理有效的整合，不断稳固集团旗下杂志在美国甚至全球家居、家庭类市场的领先地位，显著地建立起消费者的黏性和忠诚度，提升了杂志出版商的经营水平，带来更多的收入和发展。

本书收入笔者多年来带领团队创作的11篇研究成果。他山之石，可以攻玉。在笔者看来，对美国梅里迪斯集团杂志的研究是非常有必要的。经过全面而深入的研究，我们便可以由个案得出一般性的认知，总结出一套方法论，探寻杂志创新发展本源性的规律，从而找到适合的转型发展策略。如此一来，可以为我国杂志应对互联网冲击、实现自身发展提供有力参考，对我国传统杂志的复兴和繁荣有所裨益。

如今，在日新月异、飞速发展变化着的时代，数字化已然成为不可逆转的潮流趋势。在这样的时代背景下，研究一个"百年老店"在世界范围内的经营发展策略，对个案进行深入剖析，既可以给学术界提供重要的参考文本，更能够为出版业的发展提供一些宝贵的经验。希望本书的出版可以对我国杂志出版业的创新发展有所启发，为我国传媒业做大做强贡献一份绵薄之力。

本书由笔者带领郭星秀（2020级出版专业硕士研究生）、张雨汇编而成。感谢王芸、肖琼、李海文、王艳艳、江一常、尹璐、庞远燕、周宇楠、杨霄等合作者的一起努力。感谢张炜煜、贾若莹两位编辑的专业性付出。

在本书即将付梓之际，我们要说的是：本团队会继续关注包括梅里迪斯集团在内的美国杂志出版创新。因为，不断创新才是让杂志得以发展的动力！

以此书纪念梅里迪斯集团诞辰120周年、

《美好家园》杂志诞辰100周年。

叶　新

2022年4月9日

美国梅里迪斯集团杂志创新研究

张 雨

引 言

作为"杂志强国"的美国，一方面，其杂志不仅数量大、种类多，而且拥有众多成熟、历史悠久的杂志品牌，有着完善的运营系统和经营理念，同时各个杂志的受众相当稳定。另一方面，虽然其杂志出版也受到了互联网一定程度的冲击，但诸如《时代》《国家地理》和《财富》等具有国际影响力的杂志，采取了一系列加快杂志数字化、搭建媒体平台以及延伸文化产业链等措施，使得杂志有了回暖之势。其中，梅里迪斯集团（Meredith Corporation）作为目前美国顶尖的传媒集团之一、最大的杂志出版集团，经营着美国具有代表性的一系列家庭家居类消费杂志。在2010年至2019年，该集团从产品、技术、市场、资源以及组织管理等角度对杂志进行创新，使旗下杂志始终保持较高的发行量，广告收入和集团收入也持续增长，与其他杂志集团杂志销量递减、广告收入骤降和收入锐减的情况相对比，梅里迪斯集团实现了逆势增长。

梅里迪斯集团拥有118年的悠久历史，凭借雄厚的资金、技术和产品优势，对杂志的创新探索始终走在世界的前列，它通过对产品、技术、市场、资源和组织管理等五个方面进行创新，搭建起全方位的杂志创新模式，具有很强的示范作用。尤其在2017年11月以28亿美元收购时代公司后，梅里迪斯集团一跃成为美国最大的杂志出版集团。2019年，梅里迪斯集团收入、广告收入和营业利润均创历史新高。营业收入同比增长40%，达到创纪录的32亿美元，实现集团收入连续7年增长。其中，广告收入16亿美元，同比增长41%，杂志发行收入13亿美元，同比增长51%。营业利润为24亿美元，同比增长91.94%。这些数据的增长，要归功于梅里迪斯集团杂志创新模式的顺利实施。

本论文的研究对象为2010年至2019年这一区间，梅里迪斯集团杂志发展创新举措；采用跨学科的研究视角，以熊彼特创新理论为理论框架，通过借鉴国内外学者对美国杂志研究和梅里迪斯集团的研究成果，建立起美国杂志创新模式的研究框架；进而，在对中美两国媒介环境分析的基础上，梳理梅里迪斯集团2010年至2019年杂志发展创新举措，归纳总结梅里迪斯集团杂志创新模式，从而找到我国杂志适合的转型策略，为我国杂志出版应对互联网冲击、实现自身发展提供参考。

梅里迪斯集团杂志创新生态环境分析

作为美国目前最大的杂志出版集团，梅里迪斯集团旗下杂志均是以消费者为导向的消费类杂志，以发行和广告作为其主要的收入来源，宏观环境和行业环境的细微变化都会对集团下的杂志产生较大影响。由于互联网技术的发展，传统杂志正处于前所未有的"寒冬"，寻求转变成为当下杂志的必由之路，杂志行业的环境处在激烈的动荡之中。同时，美国的政治、经济、文化和技术等环境也在此时发生着变化，这些变化都给梅里迪斯集团杂志创新带来了新的机遇和挑战。

一、宏观环境分析

（一）法律环境

在美国，法律是衡量一切行为规范的依据。就杂志出版而言，主要以美国现有的法律、判例以及最新出台的政治和经济政策法规为依据，美国整体上实施的是以法律管理为主，经济手段与协会管理为辅，政府干预、社会监督并举的出版管理体制。

1. 法律层面

美国两级立法机关，即国会和州立法机关，分别通过制定联邦法律和州法律，对出版业进行干涉。这些法律主要有：保护出版业及出版自由的法律和对出版自由限制的法律。如1791年，美国《宪法》第一修正案实施，规定"国会不得制定法律确立宗教或禁止信教自由，剥夺人民言论或出版自由，剥夺人民和平集会并向政府申诉请愿的权利"。

2. 经济手段层面

美国对不同性质的出版机构采取不同的经济政策。按照经营情况不同，美国出版机构主要有营利性机构（又称为商业出版机构）和非营利性机构两种。对营利性出版机构，美国联邦政府根据其利润多少征收所得税，税率在15%—34%之间；对非营利性出版机构，联邦政府不但不征税，反而会对其采取一定的资助措施。

3. 立法、司法和行政机构层面

两级立法机关通过制定宪法、法律法规等对出版业进行管理；法院对各类出版业纠纷进行裁决；白宫可以针对出版业向法院提出立法建议，也可以直接干涉；警察可以利用手中的权力，对出版业进行干涉；邮政总局、邮政部门在特定条件下可以剔除邮件；各州都有对教科书进行审查的专门委员会。

4.美国各类媒体协会

美国的各类媒体协会在维护会员利益、促进会员间的交流以及组织全国评奖等方面具有重要的作用。如美国杂志媒体协会（The Association of Magazine Media，MPA）、美国出版商协会（Association of American Publishers，AAP）、美国书商协会（American Booksellers Association，ABA）等。此外，出版业的社会监督主要来自学校的校董事会或学术委员会、宗教团体、社会团体以及一些基金组织等。

（二）经济环境

2019年，全球经济整体呈现下滑态势，虽然增长速度有所放缓，但美国仍然"一枝独秀"，创下首个连续十年经济没有衰退的纪录。美国商务部最新公布的数据显示，2019年，美国全年国内生产总值（GDP）21.43万亿美元，同比增长2.3%，人均GDP为6.5万美元。其中，第三产业作为美国的支柱性产业，依旧在三大产业中保持着绝对优势，增加值为1641.88亿美元，同比增长5.7%，占比为80.05%。

2019年我国全年GDP达14.36万亿美元，人均GDP突破1万美元大关，接近1.03万美元，而美国全年GDP约为我国的1.49倍，人均GDP约为我国的6.5倍。就经济实力而言，美国占据着绝对优势，民众消费水平普遍较高。

（三）文化环境

美国是世界超级大国，其GDP、人均GDP、国民收入等始终稳坐世界第一的位置。一方面，由于美国社会福利制度完善、阅读习惯悠久以及休闲时光充足等原因，其国民的文化消费支出在总消费支出中占比较大，2019年美国人均文化消费支出占人均消费支出的82%，美国文化市场潜力巨大，杂志出版业有着较为强大的生存土壤。另一方面，美国居民受其历史传统、文化价值观以及消费心理的影响，其文化市场具有独特的文化消费习惯。

具体来说，美国文化市场主要有以下几个特点。

（1）美国消费者独立意识较强，在进行消费决策时，倾向于独立判断。

（2）作为典型的移民国家，美国具有开放、包容的社会环境，个性、创新的社会风尚，因此消费者在做出购买决策时，倾向于新产品。

（3）美国国民具有节假日休闲和旅游的传统习惯，这使得节假日成为美国文化消费的集中时段。

（4）作为世界超级大国，美国有着完善的社会公共文化设施和公共设施利用习惯，因此，美国国民习惯于通过公共文化设施进行文化消费。

（5）美国的互联网技术世界领先，国民已经养成利用互联网进行文化消费的习惯。

（6）美国有着较为完善的版权法体系，重视对知识产权的保护，有助于规范文化市场，促进出版业的创新发展。

（7）宗教历史、宗教传说、宗教建筑、宗教雕塑与绘画以及宗教音乐等是美国文化的重要组成部分，宗教文化的消费也成为美国文化市场的重要部分。

（四）技术环境

杂志创新在很大程度上依赖于技术的发展，通过技术创新，不仅可以提高传播的效率，还能大幅提高传播内容的质量和传播效果，重拾杂志受众。2019年，美国人工智能进一步发展，通过将心理和神经科学进行算法转化，机器人可以对声音、眼神、手势和情绪进行识别，从而实现和人的和谐共处。此外，增强现实（AR）、虚拟现实（VR）技术在媒体领域运用更加成熟，能够进一步提升受众的阅读体验；远程协同呈现技术的进步，可以帮助人们通过媒介克服空间障碍从而实现近距离接触；基于大规模数据库从而实现内容自动生成的自然语言生成技术（Natural Language Generation，NLG）已被《华盛顿邮报》《卫报》等媒体成熟运用；5G通信技术的发展在提升用户体验的同时，也为传统媒体的创新带来了更多可能。

二、行业环境分析

根据2020年1月美国杂志媒体协会发布的《2019年杂志媒介实况 报告》（*Magazine Media Factbook 2019*），2019年美国杂志行业发展呈现出新的特点，而梅里迪斯集团杂志创新面临的行业环境也在发生着相应的新的变化。

（一）市场规模

2019年美国共有消费类杂志7218种，其中新增杂志27种，共有119种杂志创刊，这表明2019年在有经营不善的杂志停刊的同时，也有更多新杂志投放市场。新创刊的杂志主要是特殊兴趣（40种）、工艺品/游戏/业余爱好（22种）、食品（18种）、家庭（15种）、时尚美容/健康/女性（11种）和区域性（10种）等方面的杂志。从2010年至2019年美国消费类杂志的出版情况来看（见表1），2019年新增杂志较2018年（少106种）和2017年（少112种）有所减少，但从整体趋势来看，美国杂志仍然处于缓慢增长的趋势中。虽然新媒体势头强劲，但纸媒凭借新媒体无可比拟的权威性和影响力，仍然具有市场价值和前进态势。

表1　2010年至2019年美国消费类杂志出版概况

年份	2010	2011	2012	2013	2014	2015	2016	2017	2018	2019
总数	7110	7163	7179	7390	7240	7289	7293	7216	7176	7218
同比（％）	-3.7	0.75	0.22	2.94	-2.03	0.68	0.05	-1.06	-0.55	0.59

（二）发行、广告收入情况

在新媒体的冲击下，美国杂志广告收入和发行情况均表现出持续下滑的态势。继2018年美国数字媒体广告收入第一次超越传统媒体广告收入达到130亿美元后，2019年传统媒体广告收入持续下降至110亿美元，仅占据43.8%的市场份额，而杂志广告收入减少4.175亿美元，降幅6.4%。

美国杂志媒体协会调查显示，与网页广告和电视广告相比，杂志广告更加鼓舞人心、充满力量和更值得信赖，因此在接受调查的受众中，53%的受调查者表示更愿意接受杂志广告，62%的受调查者表示会注意杂志的广告并且采取行动。即使在新媒体发展势头正旺的情况下，许多广告商仍然更青睐杂志广告。2019年，美国杂志广告的各类产品销售量持续增加，其中制药公司广告增长率最高，达76%。调查显示，杂志品牌的所有媒体平台，不论是纸质杂志还是数字平台，都具有强劲的销售能力，并在广告支出方面可以产生强劲的回报。以梅里迪斯集团为例，2019年梅里迪斯集团杂志广告的投资回报率都为正，平均销量提升13%。

从杂志发行来看，根据美国消费者调查数据公司发布的GfK MRI调查，2019年美国杂志发行情况整体呈现平稳态势，并同时出现了几匹"黑马"，其受众数量不断增加。其中就纸质杂志月均受众增长率而言，《摩托车》杂志以74%的增长率位列榜首，《木兰》杂志和《男性月刊》分别以42%和40%的增长率占据第二和第三的位置，其次是*AFAR*杂志、《老房子》杂志以及*HGTV*杂志等（见表2）。

表2　2019年美国杂志印刷+数字版月均受众增长率前10名

排名	杂志品牌	月受众增率（%）
1	摩托车杂志（Motorcyclist）	74
2	木兰杂志（Magnolia Journal）	42
3	男性月刊（Men's Journal）	40
4	AFAR 杂志	29
5	老房子杂志（This Old House）	12
6	HGTV 杂志	10
7	户外杂志（Outside）	9
8	纽约杂志（New York）	8
9	四轮越野汽车杂志（4 Wheel & Off Road）	6
10	阿普拉杂志（O, The Oprah）	6

　　相较于纸质杂志，杂志品牌推出的移动网页类杂志和视频类产品增长明显，尤其是视频类产品，月均受众增长率在前九名的杂志品牌均达到100%的增长率，其中《大众器械》杂志以750%的增长率夺得榜首，其次是以354%增长率位列第二的《美味》杂志和以212%增长率位列第三的《建筑文摘》（见表3）。

表3　2019年美国杂志视频类产品月均受众增长率前10名

排名	杂志品牌	月受众增率（%）
1	大众器械（Popular Mechanics）	750
2	美味（Saveur）	354
3	建筑文摘（Architectural Digest）	212
4	好管家（Good Housekeeping）	208
5	美丽家居（House Beautiful）	196
6	时尚先生（Esquire）	159
7	时尚（Cosmopolitan）	155
8	好胃口（Bon Appétit）	107
9	时尚婚纱（Brides）	102
10	Vogue	95

（三）受众情况

虽然面临广告收入减少、发行下滑的困境，但调查显示，美国杂志读者对杂志品牌的信赖度和喜爱程度依然保持在较高水平，因此，2019年，美国杂志的读者数量增长1.22%，达2.246亿人，实现从2012年至今连续八年的人数增长（见图1）。2017年秋季，美国Toluna调查公司针对美国受众的一项调查显示，在接受调查的2000个人中，73%的人认为阅读一本印刷的杂志或书籍比在电子设备上阅读更令人愉快。同时调查显示，杂志读者往往比社交媒体的读者更加活跃，日常影响力也最强。

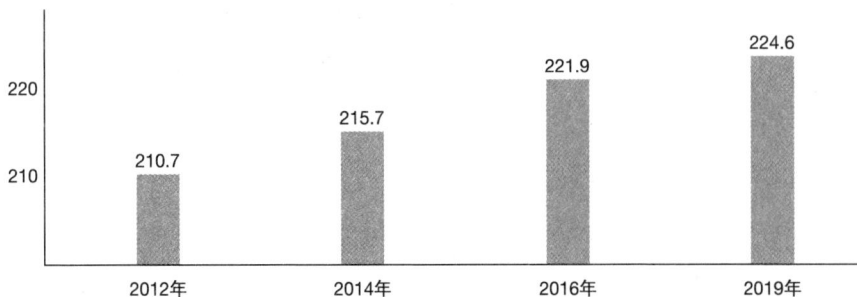

图1　2012—2019年美国杂志读者变化趋势图（单位：百万人）

此外，调查显示，美国成年人平均每人每月阅读杂志7.6期，且其读者分布在各个年龄层，其中35岁到45岁的受调查者平均每月阅读8期杂志；而25岁以下的受调查者平均每月阅读杂志的期数最少，为7.25期。同时，美国黑人平均每月阅读杂志9.7期，西班牙裔美国人平均每月阅读杂志7.9期，超过了美国成年人平均阅读杂志的期数。

就整体而言，相较于新媒体受众人数的增长，美国杂志受众人数的增长显然遥遥落后，但有赖于美国纸质阅读的文化传统，美国杂志受众仍然在缓慢增长，且美国成年人平均每月阅读杂志的期数也处在较高水平，杂志作为一种体现生活方式的媒体，仍然在美国成年人中占据着一定市场。而纸质杂志在受到冲击的同时，其杂志品牌移动端、视频端和电子杂志的受众人数增长明显，这表明杂志依靠受众对其品牌的信赖度，只有加快杂志数字化步伐，转变传播方式，实现"纸媒+互联网"的跨界组合，才能保持活力，应对挑战。

（四）行业发展新特点

1. 数字化转型成为大势所趋

面对杂志广告收入减少、受众流失以及销量锐减的困境，美国传统杂志集团纷纷寻求转型以谋求发展。从最初的"付费墙"到"数字播客"再到亚马逊的数字出版，都在极大程度上增加了传媒业和传统杂志的收入。向数字化的转变是由于数字技术的发展已经延伸并影响到了整个传媒业的所有环节和领域，而杂志作为传统媒体中的重要一员，创新转型已经成为传统杂志继续生存和持续发展的唯一选择。

2. 跨界融合成为行业主流

就美国整个传媒业而言，无论是传统媒体与新媒体的跨界短视频，还是视频媒体晋升电影行业，或者是社交平台转战短视频和直播，或是广播也尝试声控智媒，都是新旧媒体进行跨界融合的"小试牛刀"。传统杂志行业也在这股浪潮之下埋首前行，广播电视、移动媒体乃至实体经营都成为杂志转战的重要战场。

3. 内容生产与最新技术的深度融合助推杂志发展

从"机器人写作""传感器新闻"到虚拟现实，从AI的个性化服务到区块链的新晋加入，每一次技术的更迭都对美国杂志行业乃至整个传媒业进行了洗礼。但每一个技术的背后，都在提出同一个要求：如何将最新技术和内容生产进行深度融合，从而使杂志焕发生机。

三、梅里迪斯集团杂志创新SWOT分析

1971年，美国斯坦福大学教授Albert Humphrey在《公司战略概念》一书中提出了SWOT战略分析模型，主要是对企业生存的外部环境和内部状况展开分析，包括优势（Strengths）、劣势（Weaknesses）、机遇（Opportunities）和威胁（Threats）四个方面的内容。由以上对梅里迪斯集团杂志创新的宏观环境和行业环境的分析可知，其杂志创新的SWOT分析主要有以下几个方面的内容。

（一）梅里迪斯集团杂志创新的优势（Strengths）

作为美国最大的杂志出版集团，拥有118年历史的梅里迪斯集团吸引着美国超过1.85亿的消费者，积累了大量的杂志出版经验，形成了独具一格的战略优势，也构成了它的核心竞争力。

1.多种媒介类别，媒介融合经验丰富

梅里迪斯集团旗下拥有《成功农业》（*Successful Farming*）、《美好家园》、《家庭圈》（*Family Circle*）、《十全菜谱》等39个订阅杂志，以及135个特别刊物、30个网站，出版近300本图书，在美国12个城市的17家地方电视台，覆盖11%的美国家庭。①梅里迪斯集团的经营业务涵盖出版、广播电视、广告营销等多个媒体领域，是一家融广告、视频、广播电视、杂志出版为一体的杂志出版集团。由此梅里迪斯集团在很早便开始了对媒介融合的探索，以"美好家园"品牌为依托，开设广播电视节目，推出"美好家园"App，同时开展品牌授权业务。同一品牌下的多种媒介融合，有利于品牌效应的最大化，减少新媒体时代受众的流失，实现集团增收。

---

① Meredith Corp[R/OL].www.meredith.com.

2. 发行、广告收入相对稳定，广告回报率高

梅里迪斯集团在2010—2019年，集团收入整体呈现缓慢增长的态势，年收入基本保持在15亿美元左右，2017年收购时代公司后，收入大幅增长，2019年收入增长40%。相对稳定的收入，一方面由于梅里迪斯集团杂志发行以订阅为主，保证了杂志发行收入的稳定；另一方面由于其较高的广告回报率，也保证了广告客户的持久性。此外，缓慢增长的集团收入为梅里迪斯集团带来了充足的现金流，使其有足够的资金进行杂志的收购和创刊，不断扩大其杂志版图。

3. 美国杂志出版市场份额占有量大

梅里迪斯集团是美国最大的杂志出版集团，定位美国女性读者，以家庭家居类杂志为主，占据了美国90%以上的女性市场，是美国绝大多数家庭的必备读物。因此，凭借着占绝对优势的市场份额，梅里迪斯集团可以获得更高的经营利润、品牌效益和广告收益，为集团杂志大刀阔斧的创新提供有力支撑。

4. 与家庭家居类行业关系紧密，有利于拓展产业链

《美好家园》《家庭圈》和《十全菜谱》等杂志作为梅里迪斯集团的旗舰杂志，也是美国排名前十的家庭家居类杂志，对美国家庭有着较大的影响力。以杂志品牌为辐射，梅里迪斯集团可以开展多种类型的跨行业经营业务，如《美好家园》在沃尔玛超市开设"美好家园中心"，经营园艺等实体业务。

5. 较早掌握新媒体技术，技术经验丰富

作为不断创新的典范，梅里迪斯集团将技术作为杂志创新的核心发力点，人工智能、区块链等前沿技术始终是梅里迪斯集团探索应用的重点。为了更好地掌握前沿技术，梅里迪斯集团不仅积极引进创新型人才，还创建了创新部门，专门负责新技术探索和新产品的研发，为其开

展杂志创新提供强有力的技术支撑。

（二）梅里迪斯集团杂志创新的劣势（Weaknesses）

互联网技术的发展猛烈震荡着传统杂志出版行业，作为以杂志业务为主的媒体集团，梅里迪斯集团也处于生存空间被挤压的阶段。纸质杂志本身的劣势愈加凸显，受众流失、人才出走为杂志创新带来了阻力，《摩尔》等杂志纷纷因为经营不善而停刊，等等，这些都使得梅里迪斯集团杂志创新转型面临着困难。

1. 纸质杂志售价昂贵，且携带不便

纸质杂志作为以纸张为介质的媒体，有着不可避免的劣势：受时间限制，出版周期较长，时效性不强；受空间限制，杂志篇幅有限，交互性弱；制作成本较高，售价昂贵。而以杂志出版为主要业务的梅里迪斯集团也同样面临着这些劣势。

2. 新媒体分流受众，抢占市场份额

新媒体凭借先天的瞬时性、交互性、海量性和便捷性等优势，已经成为当今绝大多数受众的第一选择，传统媒体的生存空间缩小、市场份额缩减，使得集团收入也在不断减少。

3. 人才流失严重

作为新兴的媒体，新媒体依靠更高的收入和更宽广的发展空间，不断吸引着更多优秀人才的加入；传统媒体人才集中，有丰富的媒体运作经验，可以更快适应新媒体环境，因此传统媒体成为新媒体发掘人才的首要阵地。梅里迪斯集团人才流失严重，多位杂志发行人转投新媒体的怀抱，为杂志创新带来了阻力。

4. 收入渠道单一，过度依赖杂志发行收入

梅里迪斯集团以杂志发行为主要收入来源，过度依赖这一收入方式，在面对新媒体抢夺受众时显得无计可施。开拓新的收入渠道、增加

集团收入、留住忠实受众成为梅里迪斯集团杂志创新的不二选择。

（三）梅里迪斯集团杂志创新的机遇（Opportunities）

1. 经济实力保障文化消费

作为世界第一大经济体的美国，近年来经济增长虽然有所放缓，但其经济实力仍然是世界第一，这就意味着民众有较高的生活水平和购买实力，在满足生活需求的同时，可以追求更高的生活质量和精神文化。有了经济实力做支撑，美国人的消费水平也水涨船高，文化消费便成为其中的重要组成部分。

此外，美国大众消费文化的形成是与其崛起的过程同步进行的，拉大内需、刺激国内消费成了促进经济发展的重要手段之一，从20世纪20年代起，美国的消费型社会便已经形成。而没有储蓄的理财观念、追求高品质的生活方式以及张扬个性的消费观，都给美国杂志进行转型、开展创新模式和重拾市场带来了可能。

2. 传播观念重塑释放产业需求

新媒体传播的便捷、开放和低成本，打破了传统媒体话语权的壁垒，普通人通过网络也能发布消息、发表观点，从而成为"传播者"。这一方面挑战着传统媒体对信息的垄断地位，另一方面也为传统杂志的转型提供了新的参考。

首先，利用新媒体，传统杂志可以增加与读者的互动，从而增加读者黏性，形成双向互动；其次，新媒体传播的虚拟社群，可以起到良好的传播作用，为杂志的品牌宣传"添砖加瓦"；最后，作为消费类杂志，尤其以家庭家居类杂志为主，其杂志内容上更加强调用户生产，通过新媒体的海量信息库以及建立自己的杂志新媒体社群，可以更好地进行材料的搜集，产生更多的用户生产内容。

3. 文化传统促进纸质阅读

美国人素来拥有较好的读书习惯，习惯的养成更是全民性的，不论收入高低，培养孩子的阅读习惯都成为每个美国家庭的共同选择。有赖于这样的文化传统，纸质媒体在互联网技术与人民生活紧密结合在一起的今天，也能保持受众数量的缓慢增长。

同时，美国的教育事业一直领先于世界，美国统计署人口普查显示，截至2017年，美国25岁以上成年人受教育程度在高中以上的占总人口的90%，大学及大学肄业的占总人口的34.16%，副学士或学士以上的为12.83%。同时，美国平均受教育年限为12.4年，仅次于挪威和新西兰。

（四）梅里迪斯集团杂志创新面临的威胁（Threats）

1. 新媒体发展冲击传统杂志业

新媒体凭借其传播效率和传播方式的绝对优势，使得传统媒体面临发行下滑、受众流失和收入锐减的困境，变革成为此时唯一的出路。在互联网技术的影响下，广播电视、报刊和移动网站正在进行一轮新的融合，通过一个终端，人们可以打破时空的限制进行信息的获取。媒介之间相互争夺受众的同时也在开展合作，以寻求更多的生存空间。

就新旧媒体的特点来看，依托新媒体海量数据库和广泛的传播网络，受众在任何时间、任何地点和任何情况下获取任何信息，有赖于VR、AR和区块链技术的加持，新媒体可以利用形象的声音、逼真的画面以及双向的互动使得传播内容更加真实地呈现在受众面前。此外，新媒体的受众往往是在一个相对隐蔽的空间里发声，且打破了传统媒体对话语权的垄断，受众可以自由地分享生活、表达观点。而对比传统媒体，由于受制于传播媒介，杂志无法突破时空的限制，且其承载信息的数量也有限，无法提供实时检索等功能。同时，以文字和图片为主要载体的传统媒体，需要受众凭借想象才能有身临其境的感觉。此外，传统媒体的传播介质决定了它无法让受众成为传播者，也就无法形成与受众的互动对话。

在这些先天缺陷面前，传统杂志必须进行创新，寻求变革，走出一条传统杂志的全新发展之路。

2. 传统杂志盈利模式遭遇挑战

互联网的巨浪之下，受众纷至沓来，传统杂志受众严重流失；随后，广告商热切拥抱新媒体，传统杂志的营销功能不再，因此，传统媒体依靠发行、广告和品牌的盈利模式无法适应现在的媒体环境。虽然美国杂志市场变动较小，但其也受到了较大的冲击，尤其是广告收入的缩水，使杂志如同明日黄花，如何提升广告价值、开发新的盈利模式成为首要问题。

美国作为杂志大国，其杂志种类繁多，广告市场竞争尤其激烈。在同类杂志面前，广告商往往倾向于选择装帧精美、受众精准、风格统一以及广告回报率较高的刊物，因此提高杂志质量、精准受众群体和专注内容生产成了吸引广告商的关键。除了广告，开发新的盈利模式也至关重要。跨界经营和媒介融合成为现今许多传统杂志正在尝试的手段。

综上，对梅里迪斯集团杂志创新的SWOT分析总结至下表4。

表4　梅里迪斯集团杂志创新SWOT分析

环境	项目	内容
内部环境	优势 （Strengths）	1. 媒体类别较多，媒介融合经验丰富
		2. 发行、广告收入相对稳定，广告回报率高
		3. 美国最大的杂志出版集团，市场份额占有量大
		4. 现金流充足
		5. 与家庭家居类行业关系紧密，有利于拓展产业链
		6. 较早掌握新媒体技术，技术经验丰富

环境	项目	内容
内部环境	劣势 （Weaknesses）	1. 纸质杂志售价昂贵，且携带不便，无法随身携带
		2. 网站、移动端的媒体分流受众，抢占市场份额
		3. 人才流失严重
		4. 收入渠道单一，过度依赖杂志发行收入
外部环境	机遇 （Opportunitys）	1. 经济实力保障文化消费
		2. 传播观念重塑释放产业需求
		3. 文化传统促进纸质阅读
		4. 版权法律完善保障原创内容
		5. 技术革命带来变革可能
	威胁 （Threats）	1. 新媒体发展挤压传统杂志业市场
		2. 杂志发行量和广告收入均增长缓慢
		3. 传统发行渠道减少
		4. 受众阅读习惯变化，倾向短平快的内容

由表4可知，梅里迪斯集团杂志创新的自身优势较为明显，但外部环境却面临着较大的威胁，属于优势-威胁（ST型），在进行杂志创新时，宜充分发挥其自身优势，采取多种经营方式，积极拓展杂志产业链、加快数字化步伐和进行杂志内容的多元开发等。

梅里迪斯集团杂志创新模式探析

梅里迪斯集团是美国最大的杂志出版集团，以农业杂志起家的它，是美国家庭家居类杂志的"领头羊"，更打响了传统杂志创新的"第一枪"。118年的砥砺前行铸就了梅里迪斯集团在美国杂志界的地位，118年后的今天，梅里迪斯集团也面临着共同的历史命题：未来去向何方。"创新"始终围绕着梅里迪斯集团创建的始终，其围绕着产品、技术、市场、资源和组织管理的创新模式支撑了梅里迪斯集团的逆势增长。下文将从熊彼特创新理论的五个方面出发，归纳分析梅里迪斯集团2010年至2019年的杂志创新举措，总结其杂志创新模式，同时结合美国消费类杂志宏观的经济环境和产业环境，总结杂志创新的一般模式，为我国传统杂志探索出路。

一、梅里迪斯集团概况

（一）梅里迪斯集团简介

总部位于美国艾奥瓦州得梅因的梅里迪斯集团是美国第一大杂志出版集团，也是美国最大的内容数字网络的所有者，是一家业务涵盖杂志出版、广告营销、网络视频、广播电视等多个领域的综合性传媒集团。1902年，埃德温·托马斯·梅里迪斯（Edwin Thomas Meredith）出版农业杂志《成功农业》（*Successful Farming*），正式创立梅里迪斯集团。118年来，始终坚守在家庭家居领域，以美国女性作为主要的读者对象，2017年收购时代公司，一跃成为美国最大的杂志出版集团。

（二）梅里迪斯集团经营业务

集团的业务经营主要分为四大板块：以杂志出版业务为主的国家媒体部门（National Media Group）、以电视台业务为主的地方媒体部门（Local Media Group）、以业务拓展为主的市场营销（Marketing Capabilities）部门和以技术创新为中心的铸造工艺坊（The Foundry）（见图2）。其中国家媒体部门所属的杂志每个月都会吸引近1.85亿美国消费者，并拥有90%的美国千禧一代女性读者。

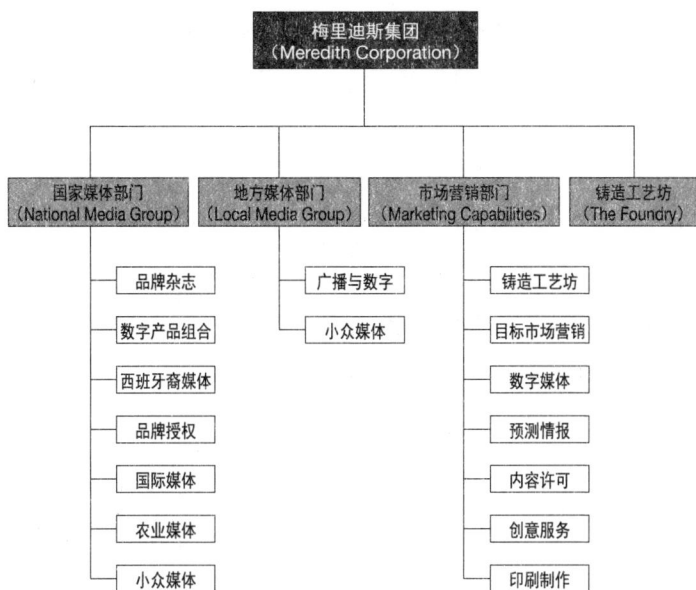

图2 梅里迪斯集团组织架构图

由图2可知，梅里迪斯集团主要有四大业务部门，以杂志经营业务为主的国家媒体部门旗下有39个品牌杂志、11个数字产品（手机移动App）、《父母》（*Parents*）杂志等4个西班牙裔杂志、全球第二大的品牌授权业务、在全球77个国家开展的国际业务，以及拥有470万受众的3个农业杂志品牌和2个小众杂志品牌，这些杂志的发行量均在百万以上。除了国家媒体部门，梅里迪斯集团的杂志业务也包含在市场营销部门，主要是内容许可、创意服务和印刷制作三个部分，到目前为止，杂志业务仍然是梅里迪斯集团的主营业务。

梅里迪斯集团国家媒体部门共有杂志39种，主要涵盖生活、美食健康、时尚娱乐、农业和特殊兴趣等5种杂志类型，其中发行量在千万以上的共有3个，占总量的7.7%；发行量百万以上的26个，占总量的67%（见表5）。这些数据表明，在杂志发行下滑的今天，梅里迪斯集团旗下杂志仍然保持着较高的发行量，受众数量庞大且相对稳定。

表5 梅里迪斯集团旗下杂志一览表（单位：万）

序号	杂志	类别	受众数量	发行量
1	十全菜谱	美食健康	980	750
2	美食与美酒（Food & Wine）	美食健康	730	270
3	返璞归真（Real Simple）	美食健康	800	700
4	玛莎·斯图尔特婚礼（Martha Stewart's Wedding）	美食健康	900	630
5	美好家园（Better Homes and Gardens）	生活	4300	210
6	人物（People）	生活	6900	3500
7	我的菜谱（My Recipes）	美食健康	1200	3000
8	南方生活（Southern Living）	生活	1600	940
9	健康（Health）	生活	890	101
10	中西部生活（Midwest Living）	生活	270	65
11	饮食健康（Eating Well）	美食健康	770	460
12	造型（Instyle）	娱乐时尚	1080	730
13	娱乐周刊（Entertainment Weekly）	娱乐时尚	2600	2300
14	SHAPE	娱乐时尚	500	450
15	HELLO GIGGLES	娱乐时尚	500	230
16	人物·西班牙版（People en Espanol）	生活	680	440
17	滨海生活（Coastal Living）	生活	450	450
18	旅游与闲暇（Travel+Leisure）	生活	1150	610
19	启程（Departures）	生活	460	160
20	传统家居（Traditional Home）	生活	430	85
21	健康（Health）	生活	890	780
22	玛莎·斯图尔特生活（Martha Stewart Living）	生活	700	310
23	养育（Parenting）	生活	40	30
24	父母·西班牙版（Parents Latina）	生活	340	320

序号	杂志	类别	受众数量	发行量
25	儿语（*Baby Talk*）	生活	200	110
26	木兰杂志	娱乐时尚	660	660
27	揭开（*Reveal*）	生活	75	75
28	和瑞秋·雷在一起的每一天（*Everyday With Rachael Ray*）	美食健康	40	40
29	健康饮食（*Diabetic Living*）	美食健康	520	520
30	待产（*Countdown*）	生活	400	400
31	美国婴儿·西班牙版（*Ser Padres Bebé*）	生活	180	180
32	待产·西班牙版（*Ser Padres Espera*）	生活	150	150
33	父母（*Parents*）	生活	780	650
34	美国婴儿（*American baby*）	生活	810	690
35	成功农业	农业	39	39
36	乡村生活（*The Living the Country Life*）	农业	30.5	30.5
37	乡村花园（*The Country Gardens*）	农业	50	50
38	美国布艺和裁缝（*American Patchwork and Quilting*）	特殊兴趣	90	90
39	木头（*Wood*）	特殊兴趣	65	65

（三）梅里迪斯集团财政收入（2010年至2019年）

2010年至2019年，梅里迪斯集团收入增长缓慢，经营状况相对稳定，没有出现较大波动，2018年和2019年收入增长明显，2018年同比增长32.11%，达22.63亿美元，2019年较上年增长40.87%，达31.88亿美元，这是由于收购时代集团为梅里迪斯集团注入了新的活力，也实现了集团收入连续7年的增长（见图3）。但收入的增长并没有带来收益的同步增长，波动幅度较大，且在2017年出现了较大增长，同比增长455%，这是继2010年187%的增长后，收益增长幅度最大的一次，这有赖于收购时代公司后，对集团旗下杂志不断整合。

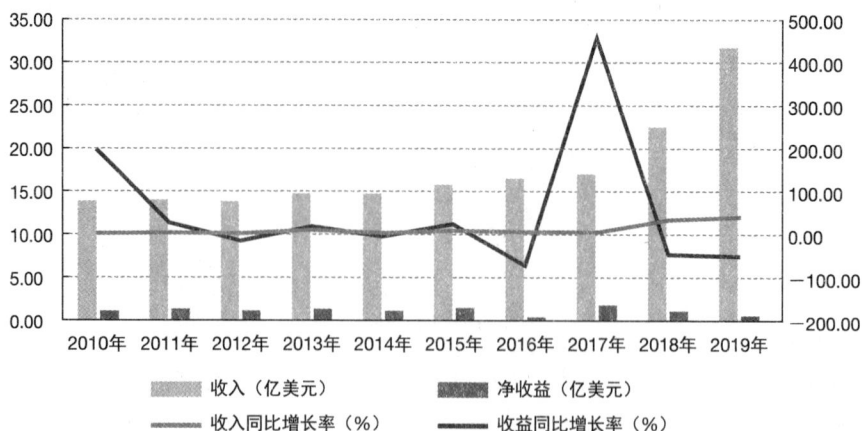

图3　2010—2019年梅里迪斯集团营业收入变化趋势图

对比2005年至2009年梅里迪斯集团营业收入变化情况，可知2005年至2009年，梅里迪斯集团总收入呈先增后减的趋势，尤其是2009年，集团收入同比减少11.8%，仅有14.1亿美元，这是由于互联网的冲击，不断挤压梅里迪斯集团的市场，导致收入减少；而集团的收益呈现先减后增的趋势，是由于2008年连续收购了《家庭圈》等三家杂志，收益减少17.3%（见图4）。这一时期收入不断减少、收益率增长缓慢，使得杂志的创新转型迫在眉睫。

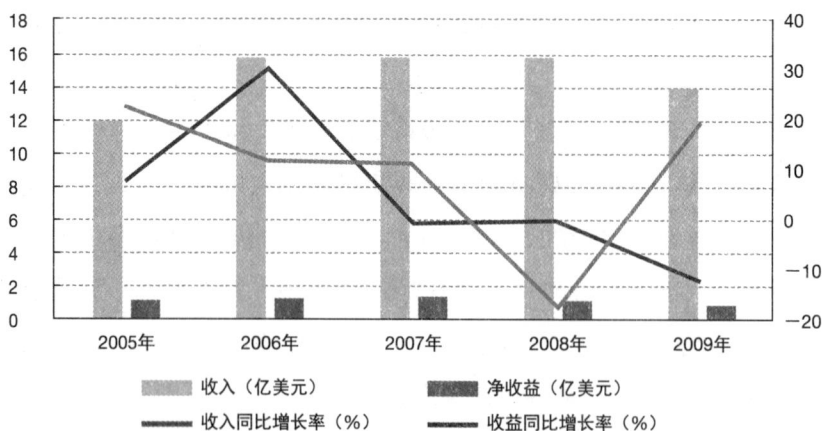

图4　2005—2009年梅里迪斯集团营业收入变化趋势图

对比梅里迪斯集团2005年至2009年和2010年至2019年收入状况可知，2005年至2009年收入和收益波动较大，且收入逐年递减；而2010年至2019年，集团收入相对稳定，且在2017年后有大幅增长。这一变化有赖于梅里迪斯集团一系列杂志创新策略的开展。

就2019年而言，梅里迪斯集团收入31.88亿美元，同比增长40.87%，这是集团118年历史上创纪录的收入，用数字证明了梅里迪斯集团作为美国最大杂志出版集团的实力。同时，对比2010年和2019年梅里迪斯集团营业收入构成发现，往年在总收入中占绝对优势的广告收入占比有所降低，2019年由往年占比59%降至53%，收入为16.86亿美元，其他收入占比减少也很明显，由2010年21%的占比降至2019年3%的占比；与此相对应的是发行收入占比的增长，由2010年占比20%增长至44%（见图5、图6）。这反映出在新媒体冲击下，梅里迪斯集团为了缓解杂志广告收入减少的压力，积极拓展市场，为集团创收开辟路径。

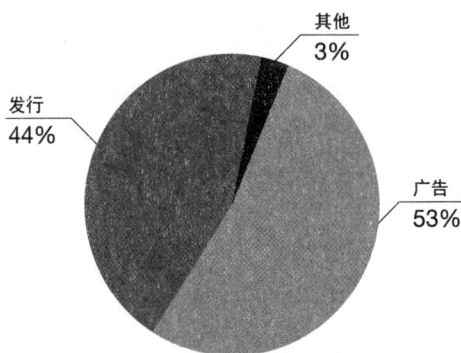

图5　2019年梅里迪斯集团营业收入构成

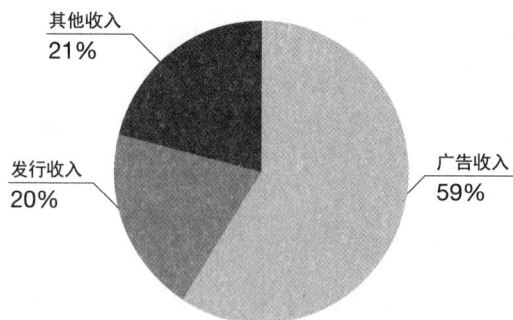

图6　2010年梅里迪斯集团营业收入构成

2010年至2019年，梅里迪斯集团国家媒体部门收入整体呈现增长趋势，尤其是2018年和2019年国家媒体集团总收入增长最为显著，2018年同比增长46%，达15.8亿美元；2019年同比增长47%，达23.22亿美元；其中，广告收入呈现逐年递增趋势、且在部门收入中始终保持优势，2019年实现48.38%的快速增长，达11.5亿美元；发行收入保持在3亿美元左右，直到2018年同比增长100%，达6.5亿美元，2019年同比增长66%，达10.8亿美元，且有赶超广告收入之势；其他收入则呈现逐年递减的趋势（见图7）。2018年和2019年广告和发行收入的增长有赖于集团创收措施的积极作用以及时代集团的收购举措。

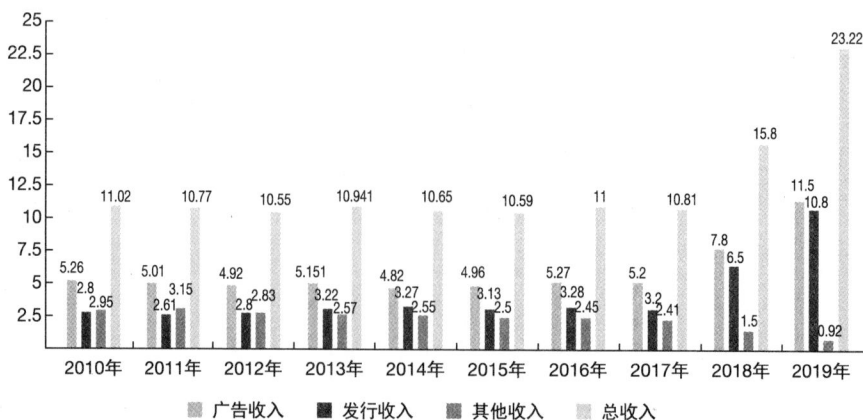

图7　2010—2019年国家媒体部门收入趋势图（单位：亿美元）

2010年至2019年，梅里迪斯集团国家媒体部门收入整体呈上升趋势，尤其是2019年收入增长47%，达23.22亿美元，占集团总收入的73%；其中广告收入呈稳定增长，始终保持占比在45%以上；而杂志发行收入增加明显，且占比不断增长，由2010年的25%增长至2019年的46%，与此对应的是其他收入的相对减少（见图8）。就2019年而言，国家媒体部门杂志发行收入10.8亿美元，以订阅杂志收入为主达6.93亿美元，占发行收入的80.6%；广告收入11.5亿美元，占部门总收入的49%。这些数据表明，杂志收入仍然是梅里迪斯集团的主要收入之一，且占比不断增加，尤其在时代公司加入之后，其杂志发行收入的增加，为集团创新增加了更多的力量和活力。

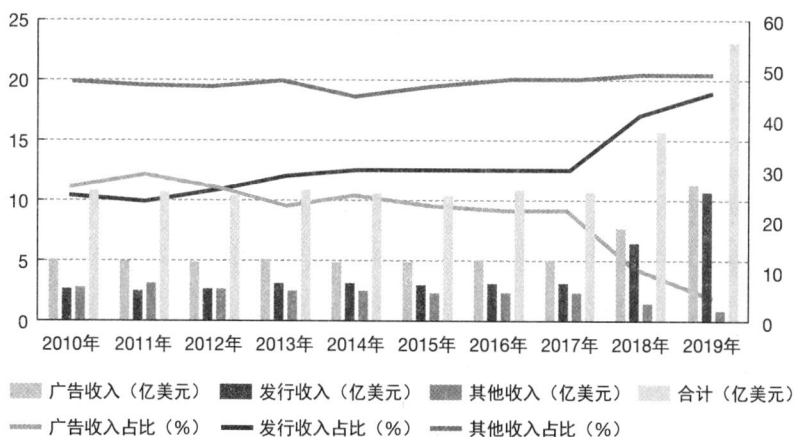

图8　2010—2019年国家媒体部门营业收入变化趋势图

二、梅里迪斯集团杂志创新模式现状

从梅里迪斯集团2019财政年度来看，集团收入为31.88亿美元，实现了集团收入创历史的增长，其中广告收入增长了41%，达16亿美元，出版发行收入增长了51.35%，达13.94亿美元。对比同一时期其他杂志出版集团，梅里迪斯集团收入保持着较好的增长状态，这与其采取的一系列创新举措密不可分。2010年至2019年，梅里迪斯集团主要从产品、技术、市场、资源以及组织管理五个方面入手，进行传统杂志的创新，探索消费类杂志的发展之路，寻求传统杂志的发展空间。

（一）产品：新旧媒体产品创新齐头并进

产品是企业竞争力最核心的体现，是企业与消费者之间最直接的桥梁，也是企业吸引消费者产生购买行为且持续进行消费的核心所在，因此产品是否能够满足消费者需求、保持市场价值并适应时代的变化是能否吸引消费者的关键所在。因此，产品创新往往便成为企业创新的核心发力点。

熊彼特的创新理论将"引入一种新产品"作为创新的一个方面，"新产品"即为推出"消费者还不熟悉的产品，或是一种产品的一种新的特性"。简单来说，就是从产品的角度进行创新，可以是推出一种全新的产品，也可以是增加产品的某项功能，或将功能进行升级。在互联网技术席卷全球的当下，媒体进行创新的关键即在新旧媒体两大方面同时发力：在掌握最新技术、创新新媒体产品的同时，对传统媒体产品进行升级改造、创新传统媒体功能，以使媒体产品保持活力，走在时代的前沿。

作为一家具有持续创新力的大型媒体集团，梅里迪斯集团审时度势，新旧媒体两条主线齐头并进，不断推出新的产品，同时对原有产品进行升级改造以使其适应时代需求的变化。

1.新媒体产品创新

移动媒体的出现极大地改变了人们的阅读习惯和阅读方式，碎片化、快节奏以及即时性充斥着人们的日常生活，建设官方网站、实现纸媒数字化以及推出移动应用程序成了传统杂志创新的重要一环。梅里迪斯集团准确把握时代脉搏，将建设官方配套网站、推出电子版杂志以及进军移动媒体市场作为其杂志新媒体产品创新的关键一步。

（1）推出杂志官方网站，占领互联网第一阵营

梅里迪斯集团对于杂志官网的建设始于1994年，建立了《美好家园》旗舰杂志官网"美好家园"网站（BHG.com），但并未取得太大反响，网站处于"名存实亡"的状态。随着美国互联网的普及、网民数量的增长，2007年4月，梅里迪斯集团发布了"美好家园"网站Web2.0增强版本，对"美好家园"网站进行了重新设计。重新设计的《美好家园》杂志官网提升了用户的交互体验，除了传统的"装饰""装修"和"食品和菜谱"等七个版块外，还加入了视频、博客以及社区分享功能。升级后的"美好家园"网站获得了巨大成功，网站每月访问者超过500万人，点击率约为7500万次。

在《美好家园》官网升级成功经验的指导下，梅里迪斯集团陆续创建了其他杂志品牌的官网："妇女家庭杂志网站"（WWW.LHJ.com）、"父母杂志网站"（WWW.parents.com）和"健康孩子网站"（WWW.Healthy.com）等。目前梅里迪斯集团旗下39个订阅杂志均拥有相应的杂志官网，每个网站月均独立访问人数均在百万以上，在提高纸质杂志销量、了解读者需求以及扩大知名度等方面都发挥了重要的作用。

2010年至2019年，除了杂志官网的建设，梅里迪斯集团把收购、新建和升级改造网站作为其占领互联网市场的重要战略。

① 收购网站：2012年3月，梅里迪斯集团收购"十全菜谱"网站；2014年11月，收购"我的婚礼"网站（www.Mywedding.com）。

② 新建网站：2009年1月21日，在梅里迪斯集团旗下的妇女杂志官网每月访问人数超过1500万人的基础上，集团推出了"梅里迪斯妇女网站"（Meredith Women's Network），这是专门针对女性推出的梅里

迪斯集团第一个品牌网站，由集团旗下的主要女性网站组成，如"美好家园"网站和"父母"网站。同年5月，梅里迪斯集团继续拓展它的网络足迹，推出食品类社交网站"搅拌碗"网站（www.MixingBowl.com），该网站聚集了世界各地的厨师，采用用户生成内容（UGC）模式，厨师们可以在这里交流食谱、筹备聚会以及发布消息等。"搅拌碗"网站推出仅短短三个月便证明了它的强大生机，网站月均独立访问人数达1200万人。

③ 升级改造网站：2012年9月，对"中西部生活"杂志官网进行改版，加强了网页设计和内容与纸质杂志的联系；2014年10月，推出了重新设计的"健身"杂志官网（Fitnessmagazine.com），增强了用户的移动体验；2015年1月，对集团官网梅里迪斯网站（www.meredith.com）进行了升级改造；同年9月，将"十全菜谱"杂志官网改造为以食品为中心的社交网站。

（2）推出电子版杂志，加快数字化步伐

梅里迪斯集团对于手机报等杂志数字化运作始于2003年，到2005年，它旗下的所有杂志均实现了数字化，拥有电子版杂志，以适应时代需求的变化。目前，旗下杂志的电子版建设还在继续，如2011年4月，梅里迪斯集团推出了《传统家园》杂志数字版*Trad Home*，该出版物在保持原有杂志内容的同时，还积极扩展其特许经营权，以实现杂志创收。

除了传统的手机杂志，梅里迪斯集团积极拓展电子杂志的发行渠道，2011年10月，梅里迪斯集团将手机版杂志拓展到了iPad：用户可以通过iPad的书报刊功能找到《美好家园》《父母》和《健身》杂志的电子版。

除了传统的电子杂志外，梅里迪斯集团旗下杂志还积极开展视频制作等多媒体数字化业务，如2005年10月，《美国婴儿》杂志与康卡斯特公司（Comcast Corporation）签订了协议，可以在其运营的电视网络中发布"美国婴儿秀"（American Baby Show）的片段。这一时期的梅里迪斯集团旗下的杂志几乎都拥有了视频、音频。

（3）进军移动媒体市场，创新杂志App

2010年2月，梅里迪斯集团旗下的妇女网站推出移动应用程序Mixing Bowl，其后，梅里迪斯集团便开始向移动媒体市场进军，以开拓新的媒体平台，为杂志留住原有受众、挖掘移动媒体市场新受众，同时加强与受众之间的联系，扩大品牌影响力。目前，就国家媒体部门而言，共有美食佳饮、生活、购物和健康健美四大类共20个App，均依托原有杂志品牌创建（见表6）。

表6　2010—2019年国家媒体部门App产品一览表

序号	名称	类别	排名	下载量（百万次）	上线日期
1	Mixing Bowl	美食佳饮	102	11	2010/2/17
2	美好家园	生活	42	43	2011/3/15
3	饮食健康	美食佳饮	58	32	2013/6/13
4	十全菜谱	美食佳饮	4	60	2013/10/29
5	父母	生活	107	9	2011/3/14
6	SHAPE	健康健美	52	38	2011/3/15
7	木头	生活	77	7.3	2014/4/16
8	自己动手（Do It Yourself）	生活	110	8	2014/3/21
9	中西部生活	生活	158	9.4	2014/3/4
10	传统家园	生活	117	8.2	2013/9/13
11	家庭圈	生活	185	5	2013/7/5
12	和瑞秋·雷在一起的每一天	美食佳饮	156	7	2013/7/26
13	SHAPE Next	健康健美	99	10	2014/3/8
14	家庭乐趣（Family Fun）	生活	167	6.9	2012/2/17
15	吃这个不是那个（Eat This, Not That!）	美食佳饮	89	11	2015/1/15

序号	名称	类别	排名	下载量（百万次）	上线日期
16	Must-Have Recipes from BHG	美食佳饮	112	9.5	2011/11/30
17	妈妈＋陪伴（Mom+companion）	购物	78	8	2013/5/2
18	怎样涂料（How to Paint Anything）	生活	98	10	2012/8/28
19	食爱料理（Veggie Love Cookbook）	美食佳饮	145	7.2	2011/6/24
20	庆祝假期（Celebrate the Holidays）	美食佳饮	155	7	2010/10/27

　　梅里迪斯集团依托原有杂志创建的App，凭借着杂志扎实的受众基础和良好的品牌效应，在移动媒体市场取得了不错成绩。这些App的下载量均在百万以上，在iOS应用商店同类App下载量排名100以内的有9个App，排名101至200的有11个App。其中，2013年推出的《十全菜谱》杂志美食类同名App"十全菜谱"，以6000万的下载量在集团旗下App中排名第1，在iOS应用商店的"美食佳饮"类App中占据了第4的位置；其次是依托《美好家园》杂志创建的生活类App"美好家园"，以4300万下载量在旗下App中排名第2，在iOS应用商店的同类App中排名第42位；最后是在*SHAPE*杂志的基础上创建的健康健美类App"SHAPE"，以3800万的下载量夺得旗下App中第3的位置，在iOS应用商店的同类App中排名第52位。

　　除了自主创建，梅里迪斯集团还通过收购已经较为成熟的App扩大在移动媒体市场的占有率，如2019年12月，对移动应用程序"Stop，Breathe & Think"的收购。

　　梅里迪斯集团旗下运营的App之所以能够在激烈的市场竞争中脱颖而出，除了借助原有杂志品牌的受众基础和品牌效应，也与其丰富的媒体运营经验和优质的原创内容分不开。依托杂志创建的App，不是对杂志内容的机械搬运，而是其内容生产团队对移动媒体属性深入研究后，生产深度优质且有针对性的内容。这样，依托杂志品牌创建的App，可以帮助杂志脱离纸张阻碍，实现跨时空传播，同时与受众建立稳固的良好关系，原有杂志品牌提供受众和优质的内容，各自相互独立发布信息，又在同一个品牌下相互合作，形成了新旧媒体的良性互动。这样的方式对梅里迪斯集团在保证减少受众流失、挖掘新的受众的基础上，稳固与受众的关系、形成与受众的良性对话有着至关重要的作用。

以《美好家园》杂志为例，移动媒体主要以发布短视频、进行消息推送和增加互动为主，网站以介绍杂志内容、发布精美图片和文字以及增加实用性为主要任务，杂志则是将提供大量的原创文字、进行精细加工以及保证杂志质量作为首要工作。这样，三者相互独立的同时，发布的主题都是统一的。此外，移动媒体通过与读者建立联系、倾听读者声音、发起互动话题等方式，成为预告杂志内容、搜集下一期杂志内容的平台。通过这样的方式，梅里迪斯集团旗下杂志与官网、新媒体平台形成了一个全媒体的互动社区，每个平台各自独立生产内容，制作与自己平台相契合的内容，但又具有同一平台品牌的共性。

2. 传统媒体产品的创新

为了适应现代人新的阅读方式和阅读习惯，改变纸媒"腹背受敌"的处境，在产品创新方面，除了加大新媒体产品创新力度外，传统媒体的创新也至关重要。梅里迪斯集团除了加大力度促进旗下新媒体产品的创新升级，在传统杂志领域的产品创新也始终精耕细作。梅里迪斯集团在纸质杂志领域的产品创新主要有两个方面：一是通过收购和创刊扩大杂志阵营；二是对原有杂志进行升级改版。

（1）扩大杂志阵营：创刊和收购

衡量企业创新能力的重要指标之一，是企业能否在竞争激烈的市场中不断对其产品进行创新升级，梅里迪斯集团凭借充足的现金流，不断通过扩展媒体版图以吸引目标受众、增加集团收入，并取得了良好的效果。梅里迪斯集团旗下杂志以家庭家居杂志为主体，美国30—40岁的女性是其主要的受众。目前，美国处在这一年龄层的女性大约有2000万人。为了与这一年龄层且大部分已经建立家庭的女性保持长久而稳固的联系，梅里迪斯集团始终坚持以家庭、养育和健康为其宗旨创立杂志。总的来说，梅里迪斯集团主要通过收购和创刊两种方式扩大其媒体矩阵。

通过收购扩大传统杂志队伍。2010年至2019年，梅里迪斯集团主要进行了18次收购和兼并的业务活动，其中有7次涉及杂志收购的业务活动、3次广播电视台收购业务、4次网站收购业务和3次移动媒体业务和1次服务器技术（见表7）。涉及杂志的业务收购主要包括2011年10月，从读者文摘协会手中收购《和瑞秋·雷在一起的每一天》杂志；2012年2月20日，从迪斯尼出版公司收购《家庭乐趣》杂志；2013年5月14日，从Bonnier收购《养育》和《儿语》杂志；2014年10月，收购了《玛莎·斯图尔特生活》杂志；2015年1月28日，从美国媒体（American Media）收购了SHAPE杂志；以及2017年11月26日，以18.5亿美元收购时代公司（Time Inc.），凭借此次收购，梅里迪斯集团将时代公司旗下的《财富》《人物》和《体育画报》等多个经典杂志品牌都收归囊中，一跃成为全美最大的杂志出版集团。

表7　2010—2019年梅里迪斯集团收购活动一览表

序号	收购日期	公司名称	业务类型	所在国家	业务金额（亿美元）
1	2010年7月21日	Hyperfactory	移动媒体	美国	——
2	2010年12月13日	真实女孩（Real Girls Media Network）	网站	美国	——
3	2011年10月12日	和瑞秋·雷在一起的每一天	杂志	美国	——
4	2012年1月24日	十全菜谱（Allrecipes.com）	网站	美国	1.75
5	2012年2月20日	家庭乐趣（Family Fun）	杂志	美国	——
6	2013年5月14日	儿语	杂志	美国	——
7	2013年5月14日	养育	杂志	美国	——

序号	收购日期	公司名称	业务类型	所在国家	业务金额（亿美元）
8	2014 年 10 月 15 日	玛莎·斯图尔特网站（Marthastewart.com）	网站	美国	——
9	2014 年 10 月 15 日	玛莎·斯图尔特生活	杂志	美国	——
10	2014 年 11 月 17 日	Mywedding.com	网站	美国	——
11	2014 年 6 月 19 日	WGGB-TV	广播电视台	美国	2.3
12	2014 年 8 月 20 日	WALA-TV	广播电视台	美国	0.86
13	2015 年 1 月 28 日	SHAPE	杂志	美国	——
14	2015 年 7 月 13 日	Qponix 服务器技术	服务器技术	美国	——
15	2017 年 11 月 26 日	时代公司（Time Inc）	杂志	美国	18.5
16	2018 年 4 月 24 日	KPLR-TV	广播电视台	美国	0.65
17	2019 年 10 月 29 日	"Stop, Breathe & Think"	移动媒体	美国	——
18	2019 年 12 月 19 日	SwearBy	移动媒体	美国	——

对《养育》《和瑞秋·雷在一起的每一天》以及时代集团旗下杂志的收购，拓展了梅里迪斯集团的杂志队伍，提高了在美国女性市场的占有率，旗下杂志品牌能够涵盖一个美国女性从出生到死亡所有人生阶段可能会关注的内容，如出生时的《养育》和《儿语》、步入婚姻殿堂的《婚礼》和《父母》，以及到中老年时期的《传统家庭》。这样的杂志产品布局，使得梅里迪斯集团在美国女性市场占据了大部分的市场份额，具有不可动摇的地位。

此外，每一次的收购都意味着一股新力量的加入，新旧力量的融合往往会为集团杂志创新带来新的活力。而梅里迪斯集团对收购的杂志进行改革创新，使其不断发展壮大，这些杂志最终都成了集团强有力的资产。

（2）创建新杂志，壮大媒体矩阵

2010年至2019年，梅里迪斯集团共推出了19个新的媒体产品，其中杂志产品9个、视频节目3个、移动应用程序3个、网站2个以及其他类型的媒体产品2个（见表8）。

表8 2010—2019年梅里迪斯集团新产品业务一览表

序号	时间	名称	类型	售价（美元）	首期销量（万份）
1	2010年7月	Ser Padres	视频节目	0	——
2	2010年2月	搅拌碗（Mixing Bowl）	移动应用程序	0	——
3	2010年5月	梅里迪斯集成打印集团（Meredith Print Advantage）	网站	0	——
4	2010年6月	Gamma Women	网站	0	——
5	2010年7月	Siempre Mujer	视频节目	0	——
6	2011年11月	挖掘（Digs）	视频频道	0	——
7	2012年5月	饮食健康	移动应用程序	0	——
8	2013年11月	十全菜谱	杂志	4.99	50
9	2014年11月	AgriCharts	移动应用程序	0	——
10	2014年12月	吃这个不是那个（Eat This, Not That!）	杂志	——	60
11	2016年2月	怀孕机密（Pregnancy Confidential）	视频节目	0	——
12	2016年4月	GFF：永远无麸质（Gluten-Free Forever）	杂志	9.99	25
13	2016年10月	木兰杂志（Magnolia Journal）	杂志	7.99	60
14	2018年1月	饥饿的女孩（Hungry Girl）	杂志	9.99	25
15	2018年4月	Hello Giggles	杂志	——	50
16	2019年3月	快乐爪子（Happy Paws）	杂志	——	20
17	2019年10月	PEOPLE	音频节目	0	——
18	2019年11月	揭开（Reveal）	杂志	9.99	75
19	2020年1月	和瑞秋·雷在一起的每一天	杂志	9.99	50

就推出的新杂志而言，梅里迪斯集团2010年至2019年共推出9本新

杂志，其中5本是与其他企业合作推出，如2014年12月，与Galvanized合作推出杂志《吃这个不是那个》，作为梅里迪斯集团第一本在报亭独立发售的美食杂志；2016年4月，与旧金山美食爱好者的独立季刊杂志《无麸质饮食》合作，推出《GFF：永远无麸质》，以帮助读者开展更加健康的生活方式；2018年1月，与Lisa Lillien合作发行《饥饿的女孩》杂志；2019年3月14日，与Fear Free、LLC推出《快乐爪子》杂志，作为宠物爱好者的聚集地；2019年11月，与HGTV地产兄弟公司推出以"一切始于家庭"为标语的Reveal，主要分享以家庭为核心的生活哲学、梦想和故事，从而激发个人的成长和幸福。

除了通过商业合作推出新的杂志，2010年至2019年，梅里迪斯集团依托网站或其他品牌推出了4本杂志，如2013年11月，依托"十全菜谱"网站推出了美食杂志《十全菜谱》，将网站的精华内容进行编辑筛选整合作为杂志内容发布；2016年10月，以乔安娜（Joanna）和奇普·盖恩斯（Chip Gaines）的实力雄厚的木兰（Magnolia）品牌为基础，推出《木兰》杂志，以最大限度地激发家庭创作的灵感；2018年4月推出的Hello Giggles杂志，则是以女性社区"Hello Giggles"为基础；而2019年12月，以瑞秋·雷原有的品牌杂志为基础，推出了季刊《和瑞秋·雷在一起的每一天》，为读者提供更加个性化的内容。

无论是与其他企业合作，还是依托自有品牌，2010年至2019年，梅里迪斯集团推出的9本新杂志均建立在品牌原有的受众基础之上，凭借其品牌影响力和市场基础，加之集团在纸质杂志运作上的丰富经验，使其新出版的杂志能够具有受众和质量两方面的先天优势，一出版便能牢固占据市场，为集团拓展新的市场、巩固原有市场发挥了积极的作用。

此外，新杂志的推出，是梅里迪斯集团进行杂志细分的重要王牌，也是提高市场占有率的有效方式。目前，梅里迪斯集团通过创刊和收购已经拥有29个家庭家居类杂志品牌、3个农业杂志品牌以及2个小众媒体品牌，旗下杂志涵盖家庭家居、时尚美容、美食健康、亲子生活以及职场情感等多个领域，使得处在任何年龄阶段的女性都可以在梅里迪斯集团找到属于自己的一本高质量杂志，这不仅是梅里迪斯集团对于家庭家居类杂志的忠实，也是其对女性市场的坚守。

（3）对原有杂志进行升级改版

杂志的改版是为了更好地适应时代的需求，现代人碎片化、图片化、快节奏的阅读习惯对杂志阅读提出了新的要求。为了适应读者新的阅读习惯、吸引更多的读者，梅里迪斯集团对于杂志的改版始终坚持在充分开展市场调研的前提下，对旗下杂志从封面到内容展开相应的改版，改版不仅涉及对杂志封面、整体设计和杂志标志的更新，还包括对杂志内部的文字语言风格、图片选择和选题来源的改良，是对杂志整体的"改头换面"。

2010年至2019年，梅里迪斯集团对《美好家园》《家庭圈》和《十全菜谱》等10个订阅杂志进行了11次改版，其中《美好家园》杂志改版3次，《家庭圈》杂志改版2次，其他杂志各有1次改版（见表9）。

表9　2010年至2019年梅里迪斯集团杂志改版一览表

序号	改版日期	改版杂志	改版重点
1	2010 年 5 月	美好家园	外观设计、栏目、内容
2	2012 年 9 月	中西部生活	外观设计、功能
3	2015 年 5 月	木工	外观设计、功能
4	2016 年 3 月	十全菜谱	内容、外观设计
5	2016 年 12 月	美好家园	标志、外观设计
6	2016 年 8 月	家庭圈	外观设计、标题、图片
7	2016 年 1 月	美好家园	外观设计、栏目、图片
8	2017 年 10 月	和瑞秋·雷在一起的每一天	外观设计、图片
9	2017 年 8 月	父母	标志、外观设计
10	2018 年 12 月	健康	外观设计、栏目
11	2018 年 8 月	家庭圈	标志、封面、图片、内容
12	2018 年 4 月	*SHAPE*	内容、栏目、外观设计

梅里迪斯集团主要从以下几个方面对杂志进行改版。

① 栏目变更。栏目是杂志内容最直接的体现，栏目设置越多，杂志的内容便越丰富。梅里迪斯集团旗下杂志的改版均涉及对杂志栏目的变更，其核心主要是对一些不符合当下观念的栏目进行删减，并增加一些与当代生活相关的内容。如2016年8月在《家庭圈》的改版中，便删除了杂志中《风格》《家庭》《食物和健康》等传统的、与当下女性不相符的栏目，加入了《家庭健康检查表》《家庭相册》和《FIX》等9个契合当代女性真实生活、提供符合读者需求的栏目。

② 更新版面设计。为了适应现代人的审美取向和阅读习惯的变化、且提升读者的阅读愉悦感，梅里迪斯集团每一次的改版都会将重点放在杂志页面的重新设计上，通常会邀请设计师进行指导。集团更新版面设计主要会围绕杂志的增减字体、更改页面布局、重置线条设计以及更新杂志标志等内容展开。通过这些升级改造，杂志的页面更加简洁、重点突出，同时增强了杂志的易读性和互动性等。

如2017年8月，在《父母》杂志的改版中，除了对栏目设置等进行了调整，其新的版面设计也成了一大亮点：首先，更新了融入现代元素的杂志标志，体现杂志个性化的同时，也展现了其提倡妈妈们率真、幽默和自信的理念；其次，新字体的加入使杂志版面更加时尚、精致；再次，简洁的布局设计增加了杂志的易读性和观赏性；最后，《父母》杂志将原有的版面线条进行了精简，以使杂志更符合现代的美学标准。

③ 图片。图片往往可以为杂志画龙点睛，好的图片可以提供文字所没有的冲击感，对于零售来说，杂志封面往往成为吸引消费者购买的最直接的因素，尤其在生活节奏加快的今天，图片对于杂志来说显得尤为重要。梅里迪斯集团改版后的杂志往往倾向于选择更加贴近生活、彰显个性以及充满朝气的图片作为杂志的插图，同时缩减文字、增加图片，使得整个杂志页面更加具有动态感。2018年4月，在进行了大量市

场调研和数据分析后，梅里迪斯集团对杂志*SHAPE*进行的改版中，强调杂志要具有趣味和亲切感，因此将杂志图片的选择作为其中的一个重点，除了选择充满乐趣和具有生活气息的图片以外，对杂志栏目进行重组后，每个栏目都将图片的选择作为重点。如其改版后的第一期杂志封面女演员凯特·玛拉（Kate Mara）的形象便体现着健康、活力和美丽的杂志设计理念（见图9）。

图9　改版后的*SHAPE*杂志封面

④ 语言风格。杂志阅读是围绕着文字进行的一项活动，因此对杂志的改版需要将文字的语言风格进行相应的变化以适应时代需求。梅里迪斯集团旗下的杂志均为消费杂志，语言风格倾向于轻松、幽默、平白如话，改版后的杂志语言风格更加符合现代的特点，对网络用语、用词习惯等把握更加准确。

（二）技术：互联网+商业模式双管齐下

技术是企业的第一生产力，是企业核心竞争力的集中体现，也是开展产品创新的内核所在，由此，能否掌握现代飞速发展的科学技术对现代企业尤其重要。对媒体而言，掌握技术就是要紧跟互联网的发展潮流，引进新媒体技术，提高核心竞争力。

在熊彼特的创新理论中，创新的第二个途径是"采用一种新的生产方法"，这个"生产方法"就是技术创新，即通过采用新的生产方式和管理模式，或者应用新的知识、技术或工艺，或者更新服务手段等方式对产品进行的创新。上一节讨论的是产品创新，其包含在广义的技术创新之中，但两者强调的重点有所不同，产品创新着重于强调在互联网技术推动下，媒体集团推出的新产品的创新；而技术创新更强调的是一种新的手段的采用，它可以是一种生产方式，也可以是一种新的服务方式或商业模式。2010年至2019年，梅里迪斯集团不仅将新媒体技术的创新运用作为重点，商业模式也是它进行创新的发力点之一。

1. 互联网技术的创新

人工智能、大数据、云计算、区块链等互联网技术的发展颠覆着人们的工作和生活，媒体作为人们获取信息、传承文化、进行娱乐、舆论监督和协调关系的重要工具，与人们的生活息息相关，而互联网技术的发展也给媒体带来了颠覆。由此，要在逆境中求得生存，能否掌握互联网技术、加快纸媒的创新升级、增强市场竞争力，在互联网时代显得尤为重要。

梅里迪斯集团始终走在时代的前沿，紧跟时代步伐，加大对互联网技术的资金投入，以技术创新为基础，实现杂志内容生产、传播和经营的持续创新。在本章第一节提到的梅里迪斯集团对新旧媒体产品的创新就是基于互联网技术的开发和应用。而为了更好地推动集团开展技术创新，2010年至2019年，梅里迪斯集团创建了梅里迪斯创新部门（Meredith Innovation Group）和铸造工艺坊（The Foundry）两个部门，致力于研发推广互联网技术和创新互联网产品。

（1）梅里迪斯创新部门（Meredith Innovation Group）

梅里迪斯创新部门成立于2019年1月7日，该部门专注于梅里迪斯集团的技术创新和消费者产品开发，主要由负责利用新技术、与其他企业合作研发业务许可产品的产品工作室（Product Studio）和负责独立研发产品的新消费者产品（New Consumer Croducts）两个部门组成（见图10）。

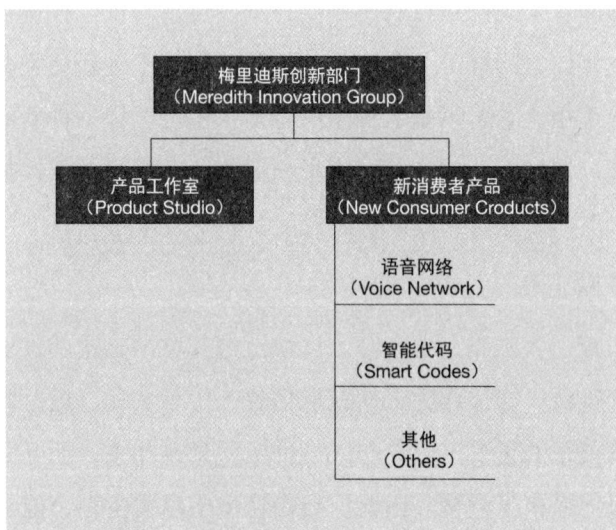

图10 梅里迪斯集团创新部门组织架构

① 产品工作室是一个专注于与合作伙伴共同开发和创新业务许可产品的新业务部门，主要是根据合作伙伴的需求，利用梅里迪斯集团世界一流的专业编辑知识、权威的第一方数据以及对垂直消费领域（如美容、食品、生活方式、家庭和育儿）的独到见解，为合作伙伴提供各类创新型的营销和销售方案。在确定方案后，产品工作室会在结合市场调

研和梅里迪斯集团铸造工艺坊与时俱进的设计和创意概念，与合作伙伴共同开发新的业务许可产品。目前，梅里迪斯集团凭借快速增长的受众数量和集团大范围的营销覆盖面，已经成为仅次于迪士尼的全球第二大产品许可方。

②新消费者产品部门，这是一个利用新技术对面向消费者的产品进行独立研发的部门，经过其团队的不懈努力，该部门已经拥有语音网络（Voice Network）和智能代码（Smart Codes）两个全新的产品。其中，梅里迪斯语音网络是一款搜索媒体，主要是将梅里迪斯集团旗下杂志的优质文章转化为各类语音，然后通过集团自营网站、各大社交媒体平台、博客平台，如Apple Podcast、Spotify、Overcast和iHeart Radio等平台，以及亚马逊Alexa的自然语音系统、谷歌主页等发布。目前，梅里迪斯语音网络的听众超过4500万人，占美国人口的近15%。为了更好地提供语音服务，梅里迪斯语音网络正在开发一系列基于AI语音技术、结合梅里迪斯杂志品牌的应用程序的新的功能，如用户可以使用"SHAPE"App体验健康的保健内容，通过《娱乐周刊》的"必选清单"获得娱乐体验等。

而梅里迪斯智能代码是将印刷和数字媒体结合在一起，通过扫描纸质杂志的智能代码，用户可以直接获得数字化的杂志、访问品牌网站和配套的视频作品，以及链接电商进行商品购买。此外，通过智能代码，用户可以启动语音体验、实现增强现实的体验。梅里迪斯智能代码是梅里迪斯集团由纸质阅读到数字体验的一次尝试，使得用户在获得纸质杂志的同时，可以通过智能手机的搜索功能，实现由纸张到网络的一键跨越。

（2）铸造工艺坊（The Foundry）

铸造工艺坊是梅里迪斯集团的创意实验室和内容工作室，主要是通过数据与故事的结合，生产出无与伦比的、具有影响力的原创内容，为用户提供具有创造力、想象力和独到见解的内容。该工艺坊始终坚持"以创新为主导，以数据为向导"。

铸造工艺坊创建至今，凭借其独创的"数据+故事"的内容生产方式，在国际上已经斩获多项大奖：2018年5月14日，铸造工艺坊利用VR技术创作的作品"捕捉珠穆朗玛峰"（Capturing Everest），以其独特的叙事视角斩获了体育艾美奖，该作品还以VR技术数字媒体领域的突破性进展获得了"杰出数字创新"作品的称号（见图11）。此外，铸造工艺坊的作品"家庭组合"（The Home Bundle）获得了FCS投资组合奖金奖，"和巴斯·沃尔德琳在虚拟世界的火星之旅"（A Trip to Mars with Buzz Aldrin in Virtual Reality）获得了韦伯奖。

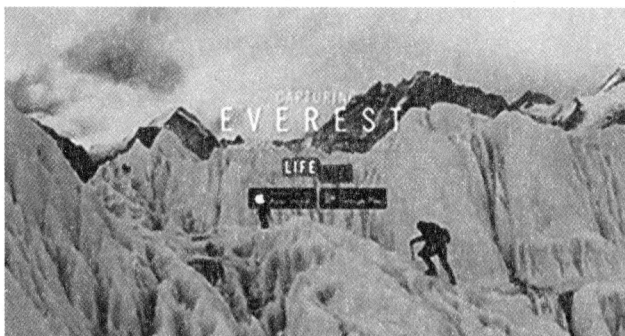

图11 "捕捉珠穆朗玛峰"截图

独立的创新部门和铸造工艺坊的创建为梅里迪斯集团的技术创新开辟了一块独立的天地，为集团的产品创新提供了有力的技术支撑。这两个部门对互联网技术的应用始终走在时代的前列，坚持应用最新的互联网技术加快对传统杂志的创新，增强其真实感与参与感，提高读者的阅读体验。同时，"新技术+纸媒"的形式，使得传统杂志不再局限于纸张，而是有了更多的空间和可能性，为新旧媒体的融合发展探明了道路。

2. 商业模式的创新

面对移动媒体的冲击，传统的收益模式已经不能满足杂志的日常运营，创新商业模式在媒体营收中的作用也就显得愈加突出。作为一家传统的杂志集团，梅里迪斯集团始终将商业模式的创新作为其最具活力的体现。其中最主要的形式有两种：一是创新企业合作方式，与其他企业进行跨平台、跨行业的合作；二是创新"互联网+"，创建"数字到纸媒"的"网生杂志"。

（1）创新企业合作方式，实现跨平台、跨行业合作

企业之间开展合作是双方企业实现优势互补、资源共享、共担风险、达成双赢的商业模式，而合理、有效的企业合作是现今传统媒体集团走出逆境的重要选择。为了拓宽产品经营渠道和业务管理范围，实现集团增收，以更好地应对互联网潮流的冲击，梅里迪斯集团致力于创新与企业的合作方式，实现跨平台、跨行业的合作。总的来说。2010—2019年，梅里迪斯集团与其他企业的大型合作有26次，主要有跨媒体平台合作、合作创新杂志以及开展品牌特许业务三种方式，其中跨媒体平台合作共有9次、合作推出创新杂志4次以及品牌特许业务12次（见表10）。

表10　2010年至2019年梅里迪斯集团大型合作一览表

序号	日期	合作对象	合作类型
1	2010 年 3 月	沃尔玛	品牌特许
2	2010 年 3 月	魔法服务网站（ServiceMagic.com）	跨媒体业务
3	2010 年 3 月	Interactivation	跨媒体业务
4	2011 年 6 月	BrandSpark	品牌特许
5	2012 年 1 月	通用磨坊麦片	品牌特许
6	2015 年 1 月	FTD 公司（花卉礼品公司）	品牌特许
7	2015 年 10 月	美国佐治亚州太平洋	跨媒体业务
8	2016 年 1 月	贝里西奥食品（Bellisio Foods）	品牌特许

序号	日期	合作对象	合作类型
9	2016 年 7 月	乔安娜和吉普·盖恩斯	创新杂志
10	2016 年 7 月	制罐厂协会	跨媒体业务
11	2016 年 9 月	梅里亚（Merial，法国著名动物保健品牌）	品牌特许
12	2016 年 11 月	美国广告技术公司（The Trade Desk）	宣传活动
13	2016 年 11 月	亚马逊	品牌特许
14	2017 年 3 月	儿童厨房协会（Creative Kitchen）	品牌特许
15	2017 年 5 月	安德鲁斯（Andrews McMeel）	品牌特许
16	2017 年 5 月	FGX 眼镜饰品有限公司	品牌特许
17	2017 年 5 月	美国 iBuyPower（电商网站）	跨媒体业务
18	2017 年 12 月	Harry & David®（电商品牌）	创新杂志
19	2018 年 3 月	eMeals（食品 App）	品牌特许
20	2018 年 10 月	国家广告商协会（ANA）	跨媒体业务
21	2019 年 1 月	美国有线电视新闻网（CNN）	跨媒体业务
22	2019 年 1 月	美国农民联合会	跨媒体业务
23	2019 年 1 月	斯蒂芬·库里（Ayesha Curry）	创新杂志
24	2019 年 2 月	HGTV 地产兄弟公司	创新杂志
25	2019 年 10 月	时光生活品牌家具公司（Lifetime Brands）	品牌特许
26	2019 年 11 月	南方生活品牌	跨媒体业务

① 跨媒体平台合作，扩大媒体传播范围和实现整合营销。媒体作为具有较高传播率和文化属性的企业，其天生的品牌潜力可以将更多的资源集中到一起，从而更大限度地发挥品牌潜力，实现平台之间的互利共赢。梅里迪斯集团的跨媒体平台合作，不仅可以整合双方媒体资源，实现跨平台资源共享；还可以吸取双方的成功经验，以改进经营方式，达到扩大知名度、增加受众以及实现增收等目的。

与梅里迪斯集团合作的跨媒体平台主要是视频点播平台，如2010年3月，与视频点播平台Interactivation达成视频战略合作协议，该项协议使得梅里迪斯集团可以通过Interactivation旗下的视频点播网络Mag

Rack将其制作的视频内容分享到2500万个美国家庭。或者与互联网公司合作，如2018年2月13日，梅里迪斯集团与Google公司合作推出新产品AMP Stories，这是一款以移动设备为中心的新闻编辑室，通过这个编辑室，用户可以将新闻和信息进行轻松的编辑和发布。

② 合作推出创新杂志品牌。这类合作的企业有的是媒体，如2016年4月7日，梅里迪斯集团与旧金山美食爱好者的独立季刊杂志《无麸质饮食》（*Gluten-Free Forever*）合作，推出《GFF：永远无麸质》，首期发行25万份，零售价为9.99美元；有的是制造业中的佼佼者，如2019年12月20日，梅里迪斯集团与斯科特兄弟全球有限责任公司合作推出专注于家庭装饰和设计的杂志*Reveal*，2020年1月起正式发行，首期发行75万份，售价9.99美元。

这样的同行业或者跨行业的杂志合作，可以很好地利用对方企业原有知识经验和受众优势，在提高杂志专业性、利用原有受众资源的基础上，利用梅里迪斯集团的受众基础和杂志编辑经验，使得新推出的杂志在一开始便受到了极大的关注。

③ 品牌特许业务，即进行跨行业合作，延伸产业链。对方企业有着丰富的设计经验和高质量的制作水平，在实体产品的设计制作方面有丰富的经验，可以生产出款式新颖、制作精良的产品；而梅里迪斯集团以家庭家居类杂志为主业，在美国已婚女性市场上有牢固的受众基础，而且已经形成了具有较高知名度的品牌，同时多年的媒体经验使得它在产品的营销推广方面更具优势。由上，两者的合作可以实现1+1≥2的效果。

2010年至2019年，梅里迪斯集团的品牌特许经营业务主要涉及家居烹饪、家庭装修与装饰、饮食健身以及宠物和儿童等多个领域。其中最具代表性的是始于1994年与沃尔玛超市合作建设的"美好家园"园艺中心，售卖园艺工具和农作物等产品。其次是2012年1月，与美国第一大谷物特许经营公司多谷物麦片（Multi Grain Cheerios）合作推出谷物类食品减肥盒，以帮助消费者进行饮食控制和健身计划。以及2019年10月17日，与美国时光生活品牌家具公司（Lifetime Brands，Inc.）签订了一项许可协议，以Allrecipes品牌推出一系列厨房产品。

（2）创新"互联网+"，创建"数字到纸媒"的网生杂志

网生杂志即依托信息资源丰富、运营成熟且有牢固受众基础的互联网媒体而建立的纸质杂志，是纯粹的由互联网发展到纸媒的产物。网生杂志以原有社交媒体的成熟品牌为基础，在对杂志进行精准定位的前提下，实现互联网和纸媒的多平台协调，可以挖掘其巨大的广告价值。再加上梅里迪斯集团在传统杂志方面丰富的制作经验和良好的受众基础，可以很好地整合传统媒体和新媒体的优势，增加杂志本身的含金量，并且为杂志的销量提供保障。

梅里迪斯集团最有代表性的网生杂志是《十全菜谱》杂志，由1997年蒂姆·亨特（Tim Hunt）等人创办的"十全菜谱"网站（Allrecipies.com）发展而来，2012年1月24日，被梅里迪斯集团以1.75亿美元收购。2013年11月，梅里迪斯集团进行了互联网时代的反向操作模式——推出了纸质版杂志《十全菜谱》，零售价4.99美元，全年定价12美元，首期发行50万册。2016年3月，梅里迪斯集团对《十全菜谱》杂志进行了改版，加强了《十全菜谱》的数字链接功能，加入了新的标志，并对页面布局进行了升级改造，同时加强了杂志摄影和社论部分的内容。此次改版还与同时进行的网站改版相互配合，对评论模式进行调整，强化个性化信息推送功能，增加杂志介绍版块（见图12）。

图12　"十全菜谱"网站、杂志封面、App截图

随后，梅里迪斯集团对《十全菜谱》展开了一系列业务拓展，以促进该品牌的持续发展。

① 2016年4月18日，梅里迪斯集团与《太平洋》杂志建立伙伴关系，将《十全菜谱》杂志拓展到了澳大利亚和新西兰。

②2016年11月18日，与亚马逊合作拓展了Alexa技术，推出"十全菜谱"技能，Alexa技术是亚马逊研发的云语音服务，而新加入的"十全菜谱"技能为家庭主妇和厨师们提供超过6万种食谱的免费访问权限，还可以通过声音指导他们烹饪。2017年6月28日，梅里迪斯集团对"十全菜谱"技能进行了功能扩展，在语音激活Alexa后，为用户提供免费的视频指导和一键直达的食材购买页面。

③2017年11月16日，梅里迪斯集团与亚马逊继续开展合作，使《十全菜谱》品牌以亚马逊生鲜（Amazon Fresh）为特色，将亚马逊生鲜嵌入十全菜谱网站的食谱当中，使家庭主妇和厨师们在选择菜谱时可以直接通过点击亚马逊生鲜购买食材，而亚马逊生鲜将在当天为用户配送到家。

④2019年3月5日，梅里迪斯集团与美国第三大高档葡萄酒公司米歇尔葡萄酒庄园（Michelle Wine Estates）开展独家合作，使用梅里迪斯集团的人工智能技术，如菜谱自动分类、消费者实时数据以及广告预测等功能，将"十全菜谱"网站上的菜谱与米歇尔葡萄酒庄园的葡萄酒通过AI算法进行配对，并且将葡萄酒和食材链接显示在旁边，以自动链接到购买页面。

目前，"十全菜谱"已经成为全球第一的食品类媒体品牌，杂志发行量增加至140万册，几乎增长了3倍，拥有980万稳定的读者，网站注册用户达6000万人次、全年浏览量150亿人次，开发的iOS端App下载量在同类应用中位居第4，社交媒体账号排在第10的位置。

《十全菜谱》杂志的成功，证明了"由数字到纸媒"创建网生杂志的模式虽然与目前"纸媒+互联网"的一般模式背道而驰，但其实质上也是媒介融合趋势的体现。在《十全菜谱》杂志经验的基础上，2018年1月9日，梅里迪斯集团与"饥饿女孩"网站（hungry-girl.com）的创建者丽莎·莉莉恩（Lisa Lillien）合作推出了《饥饿的女孩》杂志，零售价为9.99美元。随后，同年4月18日，梅里迪斯集团又推出了女性时尚生活网站Hello Giggles的纸质杂志，首期发行50万册，除了在报刊亭进行零售外，还会被赠送给PEOPLE网站上精选的18—35岁用户。

梅里迪斯集团针对技术创新开展的互联网和商业模式双管齐下的经营方式，使得其在掌握互联网技术的同时，不断推陈出新，保持企业活力和创新力，实现集团技术和产业的双重创新，为梅里迪斯集团迎来"暖春"奠定了技术基础。

（三）市场：海外市场与国内市场齐头并进

面对新媒体的冲击，纸媒的发行量日渐缩减，杂志已经不再是多数人的第一选择。当前，拓展新的市场、增加杂志发行量成了传统媒体的重要措施。梅里迪斯集团实现逆势增长的重要手段之一就是开拓新的市场，主要是进军海外市场和开发新兴市场两条道路同时并行。

1.海外市场

2010年至2019年，梅里迪斯集团实现杂志创收、创造更多杂志价值的重要举措之一就是积极开拓海外市场，十年间，梅里迪斯集团将《糖尿病患者的生活》（*Diabetic Living*）、《父母》、《成功农业》以及《吃好喝好》等11本杂志推向了意大利、阿塞拜疆、中东、菲律宾、俄罗斯和中国等17个国家，续签了在欧洲的联合数字内容许可协议，并且拓展了在欧洲、亚洲以及中东地区的印刷和数字媒体的国际业务（见表11）。得益于这项协议，梅里迪斯集团在布达佩斯推出本地化的匈牙利语版《糖尿病患者的生活》，每季度发行一次；在雅典出版希腊语版的《糖尿病患者的生活》杂志；推出了针对中东国家的本地化《父母》杂志和《美好家园》英语版。

表11　2010年至2019年梅里迪斯集团海外市场拓展业务一览表

序号	日期	国家	杂志品牌
1	2010 年 2 月	希腊	父母
2	2010 年 5 月	菲律宾	父母、美国婴儿（*American baby*）
3	2010 年 5 月	俄罗斯	父母、美国婴儿
4	2010 年 9 月	印度	糖尿病患者的生活、父母
5	2010 年 9 月	阿塞拜疆	糖尿病患者的生活、父母
6	2011 年 2 月	墨西哥	糖尿病患者的生活
7	2011 年 2 月	印度	糖尿病患者的生活
8	2011 年 2 月	俄罗斯	糖尿病患者的生活
9	2012 年 4 月	欧洲	糖尿病患者的生活
10	2012 年 4 月	中东	美好家园、父母
11	2012 年 4 月	菲律宾	养育
12	2013 年 3 月	土耳其	美好家园
13	2013 年 3 月	意大利	美好家园
14	2015 年 6 月	巴西	成功农业
15	2016 年 4 月	澳大利亚	十全菜谱
16	2018 年 4 月	意大利	财富（*Fortune*）
17	2019 年 11 月	中国	美食与美酒 / 吃好喝好

其中较为有代表性的业务是：2010年9月14日，将《糖尿病患者的生活》和《父母》杂志扩展到印度和阿塞拜疆；2011年2月9日，《糖尿病患者的生活》杂志在印度、俄罗斯和墨西哥发行；2019年11月12日，与华盛集团合作，在中国推出《吃好喝好》杂志，中国版的《吃好喝好》杂志在坚持原有杂志风格和定位的基础上，根据中国的传统风俗进行了内容的改良，在创作上融入了中国丰富的饮食文化，以此更好地与读者产生共鸣、获得认可。通过这次品牌延伸，梅里迪斯集团可以与中国分享其饮食文化、丰富产品组合，对于促进中美饮食文化的交流具有重要的作用。

而梅里迪斯集团在将杂志推向海外市场的同时，不是简单地将杂志原文翻译照搬，而是根据当地的语言使用习惯和文化风俗传统，对杂志内容进行改良，以实现双方更加平等的文化交流。梅里迪斯集团将旗舰杂志推向海外，一方面证明了旗下杂志的成功和品牌影响力，另一方面在减轻国内市场缩减的同时，可以实现扩大市场份额、增强品牌影响力和传播品牌文化的作用。

2. 新兴市场

梅里迪斯集团旗下杂志都有着较高的发行量，如《美好家园》《十全菜谱》和《父母》杂志等旗舰杂志的每期发行量均在百万以上，在女性市场有着良好的受众基础。这表明了梅里迪斯集团旗下杂志的质量和竞争力，但也体现出国内原有市场的饱和。为了进一步扩大杂志销量、提高经济效益和实现集团创收，以适应竞争激烈的媒体市场，梅里迪斯集团除了积极开辟海外市场外，对国内新兴市场的开辟也取得了不错效果，国内新兴市场主要是对美国西班牙裔的拉丁语市场和Gammas（美国对偏向中性的非主流女性的称谓）两个市场的开辟。

美国目前有500万西班牙裔女性，其中包括200万西班牙裔千禧一代母亲，而最新的人口普查显示，到2030年，在美国出生的三分之二的孩子将是西班牙裔。梅里迪斯集团预知到了这个市场的巨大潜力，2015年4月1日推出了《父母》杂志的西班牙语版，每季度发行一次，首期发行70万册，除了《父母》杂志中常规的对于育儿内容的介绍外，还为具有双语拉丁裔母亲特有的文化价值和传承特设了文化版块。

目前，西班牙裔杂志已经成为梅里迪斯集团杂志的重要组成部分，旗下共拥有4本西班牙裔杂志，分别是《人物》《父母》《婴儿》以及《待产》杂志（见图13），这些杂志共有2400万西班牙裔读者，其中包含1400万拉丁语读者和900万西班牙裔女性。此外，杂志配套的移动媒体覆盖了66%的西班牙裔移动用户，其读者的购买力达24300亿美元。

图13　梅里迪斯集团西班牙裔杂志最新一期封面图

（四）资源：创新新媒体资源首当其冲

熊彼特创新理论中，创新的第四条途径是"获得原材料或半成品的新供给来源"，即开拓途径获得新的资源。对传统媒体集团来说，资源创新就是要最大限度地对现代资源进行整合，而拓展新媒体资源成为实现传统媒体与新媒体优势互补、达成共同发展的不二选择。

从2010年开始，在各大社交网站上建立营销账号、与其忠实读者保持联系是梅里迪斯集团互动战略中重要的一项措施。2013年7月2日，《美好家园》杂志宣布其在Facebook上的粉丝超过了100万，这是梅里迪斯集团在社交媒体上的里程碑式事件，它标志着"美好家园"品牌在社交媒体依旧具有强大的影响力。截至2019年，"美好家园"在社交媒体创建的营销账号都取得了不错的成绩：Facebook的粉丝超过6000万，在Pinterest上拥有2000万个关注者，Twitter的粉丝超过57万，在YouTube上发布的视频播放量超过1.3亿次，在Instagram上关注者超过2万人，BHG网络每月有近1000万的独立访问者（见表12）。

表12　梅里迪斯集团旗舰杂志社交账号粉丝数量统计表（单位：万）

序号	杂志名称	Facebook	Pinterest	Twitter	Instagram
1	美好家园	6000	2000	57	2
2	*SHAPE*	440	55	62	95
3	父母	200	35	480	55
4	传统家园	190	15	85	60
5	中西部生活	20	15	65	6
6	美食与美酒	240	——	660	320
7	旅游与休闲	340	40	400	470
8	启程	40	11	10	5
9	海滨生活	190	20	10	70
10	人物西班牙版	430	——	140	250
11	南方生活	310	60	80	160
12	我的菜单	400	17	9	15
13	养育	30	——	50	——

　　除了"美好家园"，梅里迪斯集团旗下的旗舰杂志均在各大社交媒体平台上建立了独立的营销账号，且收获的粉丝数量都在100万以上。这些账号主要发布与生活、家庭和美食等相关的内容，除了图片和文字以外，视频更是这些平台发布信息的主要方式。

　　作为以女性杂志为主的梅里迪斯集团，读者生产内容是其杂志的重要组成部分，新媒体平台成为杂志获取原创素材的重要平台，以《妇女家庭》（*Ladies Home Journal*）杂志为例。《妇女家庭》杂志创刊于1883年，最高发行量为210万份，是美国第四大畅销杂志，作为梅里迪斯集团的旗舰杂志，它也面临着销量锐减、广告减少的困境，集团决定对其进行改革。从2012年3月起，《妇女家庭》杂志将以读者自制的内容为主线进行组织，让整本杂志都是"读者声音"，也就是整本杂志都使用UGC（用户生产内容）模式。为了寻找到充足而优秀的读者生产内容，《妇女家庭》杂志编辑充分发挥新媒体的作用，不仅在官方和Facebook上发布招募信息，还将集团旗下的网站www.meredith.com也充分利用起来，配合该杂志搜集内容。这样，《妇女家庭》杂志也就在对杂志内容进行锐意革新的基础上，实现了新媒体与传统媒体的相互协作、互通有无，搭建了以"妇女家庭杂志"品牌为核心的媒体社区。但由于杂志经营出现问题，目前该杂志已经停刊，但它借助新媒体进行用户生产的经验，仍旧是成功的。

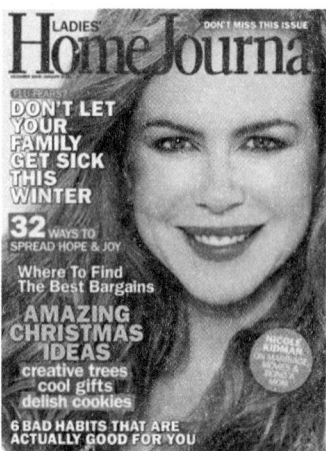

图14　改版后的《妇女家庭》杂志封面

实践证明，作为一家老牌的媒体集团，梅里迪斯集团在社交媒体的影响力仍旧不可小觑。在它看来，不仅可以通过社交媒体保持与读者的联系，还可以通过社交媒体搜集数据，了解读者的需求和想法，从而找到杂志内容创作的灵感和素材。新媒体的发展冲击了传统媒体，也为传统媒体的发展带来了机遇。充分开拓新媒体资源，实现新旧媒体资源整合，为梅里迪斯集团旗下杂志品牌带来了第二次发展的机会。

（五）组织管理：人才、兼并双管齐下

熊彼特认为创新的第五条途径是体制和管理创新，即一种新的产业组织方式或企业重组。而人才作为企业组织中最重要的"细胞"，创新人才的引进成为企业组织管理创新的重要方式之一；同时，兼并作为企业重组的重要形式，成为企业进行组织管理创新的另一重要方式。梅里迪斯集团杂志创新将组织管理创新作为其主要阵地之一，创新型人才的引进和杂志兼并重组成为实现组织管理创新的重要方式。

1. 引进创新人才，完善创新机制

人才是公司重要的资源之一，尤其在互联网时代，创新型人才更加成为公司追赶时代步伐、掌握核心技术的关键，梅里迪斯集团也异常重视人才的任用，尤其是创新型人才的引进和重用。2010年至2019年，梅里迪斯集团一共进行了95次人事更迭，其中不仅涉及重要杂志发行人和总编辑晋升，还包括电视台总经理和总监的更换、集团首席战略官和集团总经理的任命，以及董事会重要董事的变化。

（1）前任集团执行董事长史蒂夫·莱西（Steve Lacy）

2019年1月，在梅里迪斯集团担任13年执行董事长的史蒂夫·莱西宣布于当年3月退休，他在任职期间采取了一系列的创新措施：完成了集团在杂志、广播电视以及互联网上的业务扩张，使得集团旗下的杂志队伍增加到39个；实现了对时代公司的转型性收购，一跃成为美国最大的杂志出版集团；同时，莱西还构思并领导了一项员工健康和财务健康计划，获得国家认可，并成为美国工业的典范。这些计划的实施，使集团收入翻了一番，利润翻了3倍多，梅里迪斯集团在困境中的逆势而行，很大程度上有赖于莱西一系列措施的实施。

莱西所具有的创新意识与他的教育背景和职业经历紧密相关：审定

会计师出身的他，毕业于美国堪萨斯州立大学，拥有会计学硕士学位，1998年加入梅里迪斯集团后，便担任梅里迪斯出版公司总裁一职，与当时集团董事长兼CEO威廉·科尔和有着20年传媒从业经验的杰克·格里芬并称为经营团队的"三驾马车"。此外，莱西还是美国直销协会和广告委员会的董事长。

（2）梅里迪斯集团现任领导团队

莱西退休后，梅里迪斯集团对领导团队进行了重组：曾担任国家媒体部门总裁的汤姆·哈蒂（Tom Harty）继任集团执行总裁，帕特里克·麦克雷里（Patrick McCreery）担任地方媒体部门总裁，首席财务官由乔·塞里亚尼克（Joe Ceryanec）担任，首席开发官兼总法律顾问由约翰·齐泽（John Zieser）担任，迪娜·内森森（Dina Nathanson）担任人力资源高级副总裁。而国家媒体部门总裁一职在乔恩·韦瑟（Jon Werther）于2019年6月宣布退休后暂时处于空缺状态，各杂志品牌领导人直接向执行总裁汇报。

哈蒂和韦瑟两人相继担任梅里迪斯集团国家媒体部门总裁期间，都在梅里迪斯战略计划的制订和执行中发挥了重要的领导作用。通过联系杂志受众群体、增加在线流量、拓展品牌许可业务和加快营销服务的增长来吸引消费者。作为国家媒体集团总裁，哈蒂领导了对全球最大的食品网站Allrecipes.com的收购，随后发行了《十全菜谱》杂志，并获得了成功。之后哈蒂还将《玛莎·斯图尔特生活》《和瑞秋·雷在一起的每一天》《家庭乐趣》《养育》和《饮食健康》等杂志品牌添加到了梅里迪斯产品组合中。同时，哈蒂还带头推动了梅里迪斯数字业务和公司品牌许可业务的扩展，其中包括沃尔玛的"美好家园"产品以及《美好家园》杂志网站的建设。

在哈蒂的领导下，梅里迪斯集团旗下产品的广告收入份额不断提高，使得梅里迪斯的销售有了保障，证明了梅里迪斯媒体平台上的广告可以直接促进零售产品销量的增长。此外，哈蒂扩展了集团广告的数字收入平台，这使梅里迪斯集团在2010年和2013年被Advertiser Perceptions评为排名第一的媒体公司。

而韦瑟任职期间，组织完成了集团对时代的收购，在对时代公司旗下杂志的整合兼并中发挥了重要的领导作用，使梅里迪斯集团成为美国最大的杂志出版集团，扭转了收购的杂志品牌的广告和发行收入，发展了数字杂志业务。

2. 整合重组杂志品牌，提升企业核心竞争力

知识和技能是企业的核心竞争力集中体现，而核心竞争力的形成绝非一朝一夕，是企业在激烈的市场竞争中逐步形成的独特能力。通常，企业为了获取更大的平台、实现知识和技能的互补往往采取并购的方式，但要真正实现核心竞争力的提高，必须有效整合并购的资产。2017年11月，梅里迪斯集团以18.5亿美元收购时代公司，成为其在2010年至2019年最大的一次并购业务，这使得梅里迪斯集团成了美国最大的杂志出版集团，但收购后采取的一系列整合战略才是梅里迪斯集团实现真正跨越的关键所在。

梅里迪斯集团对时代公司杂志的整合战略主要围绕以下几个方面进行：对所有媒体资产进行资产组合评估，并剥离非核心业务资产；将时代公司旗下杂志的广告收入和发行量提高到行业标准；增加时代公司旗下杂志数字资产的收入，并将其利润率提高到梅里迪斯集团杂志的水平；争取到2021年实现每年4亿至5亿美元的成本协同效应。

为了剥离时代公司中的非核心业务资产，2018年3月，梅里迪斯集团在完成了对时代公司产品的组合审查后，决定将《时代》（TIME）、《体育画报》（Sports Illustrated）、《财富》和《金钱》（Money）等杂志出售。梅里迪斯集团执行总裁汤姆·哈蒂认为，"即使这些是具有吸引力的杂志品牌，但与梅里迪斯有着不同的目标受众

和广告市场，它们需要更适合的拥有者来帮助取得成功"[1]。于是，2018年9月，梅里迪斯集团将《时代》杂志卖给了云计算巨头Salesforce的联合创始人马克·贝尼奥夫夫妇；同年12月，以1.5亿美元卖掉了《财富》杂志；2019年5月，又将《体育画报》出售给ABG公司；同年10月，将《金钱》杂志出售给美国广告从业者有限责任公司（Ad Practitioners LLC）。

作为整合战略的一部分，梅里迪斯集团推出了以品牌的销售为中心的市场战略，以利用旗下杂志品牌增强数字影响力。为了消除重复职位、降低运营成本，2018年3月集团宣布裁员，截至目前已经取消1600余个职位。这些举措的实施，使得梅里迪斯集团的整合战略得以顺利实施，也保证了对时代公司从资产、财务、组织结构乃至文化的多重并购，实现通过并购提高集团核心竞争力的目标。

创新人才的引进和杂志品牌的整合，是梅里迪斯集团实现组织管理创新的重要策略，两大方面齐头并进，可以有效保证集团技术、产品、资源和市场等实力提升，从集团内部保证杂志创新举措的顺利实施，是当前传统杂志转型不可忽视的重要方面。

三、梅里迪斯集团杂志创新模式分析

创新理念是指个人或者企业从思想上打破常规、不安现状、主动迎战未来、寻求新的发展。目前得到普遍认可的共有全局理念、人的本质属性理念和竞争理念等16种，其中就以上对梅里迪斯集团杂志创新举措来看，其杂志创新秉承着"整体系统理念"来开展。整体系统理念即将企业看作一个整体，而产品、技术、资源、市场和管理为整体系统的有

---

[1]　Meredith Corp[R/OL].www.meredith.com.

机组成部分，企业每一项创新举措的实施，都必须从整体的角度进行，将创新的各个环节、因素和条件综合起来考量，有机统一在一个整体之中。

秉承着这一理念，梅里迪斯集团开始了大刀阔斧的创新，将产品、技术、市场、资源和组织管理囊括进其创新举措的整体系统当中，从外部的产品和市场，到核心的技术和资源，再到内部的组织管理，开始了全方位、多角度、有机统一、协调一致的整体性系统创新。

（一）产品方面

产品创新是企业创新最核心的部分，也是梅里迪斯集团杂志创新模式的制胜关键。梅里迪斯集团的产品创新主要分为新媒体产品和传统媒体产品两大版块，针对新媒体产品，梅里迪斯集团为每个杂志品牌创建了官网，推出了20个杂志App，这些新媒体产品在受众数量、月均浏览量和每日点击量等方面均取得了较好成绩；针对传统媒体，梅里迪斯集团一方面通过创刊和收购壮大杂志矩阵，另一方面对现有杂志进行改版升级以适应不断变化的读者需求。

梅里迪斯集团开展的新旧媒体同时并行的产品创新道路，使得集团在积极开辟新媒体道路、拓展新媒体矩阵的同时，依靠美国受众纸质阅读习惯的优势，对传统媒体进行大刀阔斧的改革。在追赶时代潮流的同时，又使传统媒体可以不被时代抛弃，在集团创收、扩大品牌影响力等方面起到了积极的作用。

（二）技术层面

互联网技术的不断发展颠覆着时代的进程，也颠覆着整个媒体行业，谁能掌握核心的互联网技术，谁就可以在这个浪潮中实现逆转。深知这一点的梅里迪斯集团将技术开发作为杂志创新的核心要点，建立专门的技术创新研发部门，以推进互联网技术在杂志层面的应用；开辟新的商业模式，与其他企业开展跨媒体平台、跨行业的商业合作，同时开辟"互联网到纸媒"的新的网生杂志模式。技术的开辟和应用使梅里迪斯集团始终走在互联网技术发展的前沿，为其产品创新奠定了坚实的技术基础。

（三）市场层面

在美国女性市场雄踞一方的梅里迪斯集团积极开拓海外市场和国内新兴市场，对新的市场会进行有针对性的杂志改良，从而加大新市场对于杂志的接受程度。同时在进入新的市场前，做充足的市场调研；进入市场时，进行线上线下相互配合的全媒体的营销战略，扩大知名度，为新的市场的开拓打响第一枪。

国内市场的饱和迫使梅里迪斯集团将创新之手伸向了海外和国内新兴市场，在做好充分准备后，保证向新市场进军能够"首战告捷"，在增加杂志销量、扩大受众面积和提高品牌知名度等方面有着极为积极的作用。

（四）资源层面

互联网时代新媒体的快速发展，使其成为这个时代不可忽视的重要资源，也成为传统成熟的媒体品牌占领高地的重要矩阵。梅里迪斯集团积极开发新媒体资源，为旗舰杂志在社交媒体上建立营销账号，发布与其杂志相匹配的，与生活、家庭和美食相关的文字、图片、音频和视频等内容，不仅起到了良好的宣传作用，在与受众建立联系、了解受众需求和获取杂志原创内容上也都产生了良好的效果。

梅里迪斯集团旗舰杂志在社交平台的账号，粉丝数量均在十万以上，最高的达千万以上，这些数据证明老牌媒体在新媒体时代依旧有较好的受众基础，可以在新媒体开辟新的天地。

（五）组织管理层面

如果产品、技术、市场和资源是企业创新外在的体现，那么组织管理便是企业内部进行创新的关键。梅里迪斯集团不仅积极引进创新人才、开展顶层设计，还将杂志的整合重组作为其创新的重要发力点。

综上所述，传统媒体每况愈下，梅里迪斯集团旗下杂志仍然有其核心竞争力，在"寒冬"中迎来了"暖春"，实现了逆势增长。这个"暖春"可以持续多久还未可知，但可以确定的是，梅里迪斯集团实现逆势增长的个中缘由值得我们深入地考究，其创新模式也是今天的中国纸媒所需要学习的关键所在。

梅里迪斯集团杂志创新模式对我国的启示

杂志作为传统媒体的主要代表之一，从1665年问世至今已有350多年的历史，凭借其特有属性成为传统媒体队伍中不可替代的一角。互联网技术的发展使传统媒体迎来前所未有的"寒冬"，"纸媒已死"的声音甚嚣尘上，而梅里迪斯集团采取的一系列杂志创新措施，实现了逆势增长，使传统媒体看到了"希望"，也看到了传统媒体的生机所在。由此，在分析了梅里迪斯集团杂志创新模式的基础上，结合熊彼特的创新理论深入剖析，以期对我国杂志转型有所启示。

经济学家熊彼特在创新理论中提出了五个创新方向，即引入一种新产品、采用一种新的生产方法、开辟新市场、获得原材料或半成品的新供给来源、建立新的企业组织形式。以下将以这五个方向为划分标准，分析梅里迪斯集团杂志创新模式对我国杂志转型的启发。

一、新旧媒体联合搭建媒体社区

媒体的产品创新主要从新旧媒体两个方向开展。一方面，作为传统杂志出版社，新媒体时代应对危机最直接的方式便是掌握新媒体技术、推出新媒体产品、转变杂志的功能属性，手机端、PC端和iPad端都是杂志转型不可忽视的媒介平台，转变杂志原有呈现方式、加快数字化进程显得尤为重要。另一方面，杂志作为一种特有的媒介形式有着不可忽视的文化属性功能，不会被时代抛弃，新媒体时代阅读习惯和阅读方式发生巨大变化，杂志也必须适应时代潮流做出改变，简洁、易读是杂志改版的基本要求，图片、文字和多媒体呈现方式的改变则更加重要。此外，依靠充足的现金，通过收购和创刊扩大媒体矩阵可以实现优势互补和杂志细分的目标。

而不断扩大的杂志队伍、依靠原有品牌创建的杂志互联网平台以及原有纸质杂志的改版三大版块建立起来的新旧媒体平台不是相互独立、"各自为政"，也不是将杂志的内容机械搬运到网上，而是每个平台在同一品牌指导下，针对自身媒介特点发布原创内容，做到相互之间统一战线、达成共识、形成互动，以实现媒体社区的搭建。

杂志强调文字的深度，视频讲究内容的浅显易懂；纸媒主张严肃认真，社交媒体看重互动性。具体而言，搭建媒体社区、实现媒介平台化就是要传统杂志转变角色，由传统的杂志出版集团转变为多种媒体形式相融合的媒体社区，使杂志品牌与新媒体运作实现真正的结合，实现真正的开放共享。

二、掌握互联网技术制胜新媒体时代

技术是企业的第一生产力。互联网时代，新媒体技术对媒体集团转型至关重要，更成了企业制胜的关键。大数据、人工智能（AR）、区块链正在与传统媒体进行深度融合，媒体生产中一些操作重复、替代性强的工作将被人工智能取代，从而增加媒体工作的创造性和智能化。

就大数据在媒体场景的应用而言，主要是利用大数据进行数据的分析处理，同时搭建与信息技术之间的桥梁，形成全方位的媒体数据库。而AR技术的应用可以实现出版智能化，取代媒体工作中的校对、翻译、印刷以及资料搜集整理等工作，有效帮助媒体工作人员进行内容的创作。此外语音识别技术的应用增加了读者阅读的个性化体验。区块链技术在媒体版权保护方面的应用，有助于构建媒体数据管理系统，从而实现文字、图片、音视频等媒体内容的网络侵权智能检测。

技术帮助媒体有效工作的同时，也应该看到目前我国"媒体+技术"方面所存在的短板。由于新技术在媒体领域的应用还不成熟，产品售价普遍较高，无法进行大规模的生产实践，导致新媒体产品效益不高；新技术产品质量参差不齐，用户体验较差，不能形成良好的口碑；严格的监管网络还未搭建，实现真正的网络监管难度较大。由上，新技术在媒体领域的完全应用还有很长的一段路要走，需要我们迎难而上、披荆斩棘，才能实现成功转型。

三、探索商业模式创新，扩大经营范围

传统单一的媒体经营模式已经不能适应当前的环境，拓展经营范围、走向实体经营是当今杂志转型的不二之选。除了梅里迪斯集团与沃尔玛超市合作开设"美好家园"中心外，美国的其他媒体集团也开展了跨界经营业务，如Facebook开设潮流小店，嗡嗡喂（Buzzfeed）投资生产指尖陀螺和润唇膏，赫斯特公司与亚历克萨进行瑜伽垫合作，企鹅兰登书屋则跨界与定制裱框的企业框桥（Framebridge）公司合作。媒体

集团凭借其拥有的资源和品牌影响力，可以将更多的资源和数据吸引过来，从而实现自身和合作伙伴品牌的发展。

除了跨界实体产业外，梅里迪斯集团创建由"数字到纸媒"的网生杂志的经验同样值得我们注意，表面上这是与数字化趋势相背离，但究其本质，却是"互联网+"时代媒介融合的产物。《十全菜谱》杂志的成功向我们证明了即使在互联网技术飞速发展的今天，纸媒仍然有其存在的价值，它不会因为互联网技术的发展而消失，相反会和互联网融合从而实现涅槃重生，会因为互联网实现其更大的价值。

由此，互联网时代，创新商业模式是实现传统媒体转型的必然之路，与其他企业进行跨界合作不仅可以延伸产业链，实现企业增收，还能优势互补，实现共赢。同时，"互联网+"思路带给传统媒体新的生机，但有时使用逆向思维也未尝不可。

四、走向海外、走向世界：中国杂志的不二之选

在传媒经济学中，媒体是经营组织的存在，要实现盈利的目的就必须将自己的产品或服务在市场上进行销售，这些产品和服务就成了一种商品，也就必须具有一定交换价值或使用价值，以满足受众的一部分需求。从这一观点出发，就形成了"受众即市场"的共识。这一观点充分表现了媒体具有营利性、商品性和竞争性的属性，而媒体对于市场的竞争，其实就是对受众的竞争。因此，新市场一方面指开辟新的市场，一般指海外市场；另一方面即指对受众需求的开拓。互联网时代，传统媒体的转型要以市场和受众为导向，确定目标市场受众的特征，据此特征进行市场的开拓，更有利于激发受众的归属感和认同感。

互联网技术的发展是一把"双刃剑"，在给传统媒体带来冲击的同时，也带来了新的发展机遇。传播的便捷性打破了各国之间交流的壁

垄，为中国文化走向世界提供了更多的可能性，也为中国传媒集团实现跨国发展带来了机会。由此，定位全球市场，积极开拓海外市场和新兴国内市场，创造更多的受众需求，拓展产品销路，成为传统媒体转型的重要选择。

但也应该看到，由于在话语体系、传播观念和传播技巧等方面的不足，导致我国媒体在增强世界话语权上还有很长的一段路要走，如何转变叙事方式、运用国际话语体系讲述中国故事，提升中国媒体跨文化传播的质量也成为我国传统媒体在进行市场创新时需要解决的主要问题。而创新利用媒体表达人类命运共同价值观，构建多元文化体系，体现中国文化的包容度和多元性，提升"讲好中国故事"的整体质量，让世界倾听中国声音，成为中国文化"走出去"的重要战略。

五、整合新媒体资源，实现新旧媒体互动

在互联网技术飞速发展的今天，纸媒由于其发布周期长、互动性差以及文字篇幅较长等弊端已经失去了大众市场，但其现有的优势也是我们不能忽视的。传统媒体有着新媒体所没有的品牌效应，在受众当中有着良好的口碑，同时熟知传播流程、擅长媒体运营的精英也在传统媒体聚集。传统媒体可以挖掘现代资源，充分发挥新媒体个性化、多元化、快捷性、交互性以及可共享性等特点，实现扩展信息传播范围、扩大传播途径以及丰富媒体节目类型。借助社交媒体，可以与受众形成双向互动，在倾听受众声音的同时，还能了解热点新闻、筛选信息，再由专业的编辑进行加工，在准确把握时尚热点的同时，又保留了传统媒体的严肃性和真实性。

梅里迪斯集团在立足传统媒体发展的同时，努力拓展同品牌下的新媒体平台，通过新媒体搜集原创优质故事，再由编辑进行筛选、整理和

加工，使得整本杂志都由读者产生，而编辑退居"幕后"，成为实在的信息加工者。专家则负责给出相应的意见和建议，指导读者更好地分析问题、解决问题。依靠此种方式，可以丰富杂志内容，促进选题产生；同时编辑能够准确把握读者心理，做到立足读者进行内容生产；此外，读者可以与杂志实现良性互动，增加用户黏性，是杂志销量的有力保障。由此，传统媒体在转型中，应该立足自身优势，在保留原有品牌特色的同时，扩大品牌效应、促进新旧媒体良性互动，从而走上传统媒体集团的新型发展之路。

六、引进创新型人才，完善顶层设计

梅里迪斯集团之所以能够实现逆势增长，在"寒冬"中仍能迎来春天，有赖于在其前任执行总裁史蒂夫·莱西指导下对集团杂志创新模式的搭建。此外，梅里迪斯集团能够实现杂志与数字化的接轨，是因为有大量的技术人员为集团各部门提供技术支持作为后盾。集团能够熟练运用大数据、AR和人工智能等新媒体技术，是因为每年大量新媒体技术人员的加入为其提供保障。而对我国杂志而言，人才是其掌握新技术、实现杂志数字化转型以及提升竞争力的关键。

创新人才不仅要掌握新媒体技术、具有创新能力，还要掌握传播规律、懂得杂志出版，更要有不断学习的精神和在激烈变动的环境中快速适应的能力。创新人才可遇不可求，除了积极引进创新人才外，更重要的是杂志集团要具有培养人才的意识，在建立相应激励制度、组织人员进行学习以及开展内部比赛等活动的同时，企业创新文化的培养更为重要。只有经过创新型企业文化熏陶之后的人才，才能将创新的精神深入骨髓，真正做到将创新落实到实践之中，实现杂志集团的技术创新和数字化转型。

七、开展杂志资源整合，保证并购的有效性

2017年11月，梅里迪斯集团以18.5亿美元购买了时代公司，从原来美国媒体集团排名第三一跃成为全美第一，时代公司的并入为梅里迪斯集团注入了前所未有的活力。随后，梅里迪斯集团开始对时代公司旗下的杂志进行整合，主要是卖掉其中的非核心杂志品牌，保留与集团杂志定位相符、仍然持有活力的杂志品牌。

两大媒体集团的强强联合，互通有无实现资源共享、新力量的注入带来的新思维模式以及强强联合增加的关注度，可以转化为有力的新生力量，使得媒体集团的整合实现"1+1≥2"的效果。而整合非核心业务可以注入新资本，同时将人力物力集中在核心业务之上，从而加大其在擅长领域的力量。这样的兼并重组无疑会使原有媒体集团焕发新的生机。

互联网技术的发展，使得原有单一媒体的发展之路现今没有了优势，要实现继续发展，只能转变为以互联网技术为基础的跨媒体集团，收购重组便成了实现这一目标的重要手段之一。通过跨媒体、跨地区进行收购重组，可以打破媒介之间的界限，实现不同媒体之间的资源整合、优势互补，从而加快媒介融合的步伐，实现传统媒体的转型。此外，跨行业的收购重组，还能实现产业链的延伸，扩大媒体集团的业务经营范围，为集团创收。比如梅里迪斯集团就涉足了广播电视、图书出版、品牌授权、移动应用程序以及家庭家居用品等多种实体业务。

跨媒体、跨行业、跨地区的收购重组可以最大限度地实现资源整合，但也必定会带来阵痛，裁员、债务、收入锐减等也会伴随着媒体转型发生，只有迎接了风险和挑战，才能有未来和明天。

结　论

互联网技术的发展，颠覆着这个时代，更颠覆着整个媒体的生产、传播和接收方式，这些"颠覆"变成了巨浪，猛烈震荡着整个传统杂志行业。发行下滑、广告锐减、读者流失，使得大量杂志纷纷停刊，我国乃至全球的传统杂志行业进入前所未有的"寒冬"。

面临"寒冬"，只有不断求新图变才能实现转型，拯救传统杂志行业于困境之中，但如何进行杂志创新、实现杂志转型对我国杂志出版集团来说尚属探索阶段，因此借鉴他国成功经验、少走弯路是当前我国杂志行业需要进行的一项重要工作。而历史悠久、行业成熟的美国杂志出版业，拥有众多实力强健的大型杂志出版集团，在杂志转型、创新和突破方面进行了许多尝试，有着丰富可供借鉴的杂志创新经验，梅里迪斯集团就是其中的佼佼者。作为美国目前最大的杂志出版集团，它在新产品生产、技术应用、市场拓展、资源开发和组织管理改革等方面都进行了积极的创新，成立了梅里迪斯创新部门和铸造工艺坊，开发了"互联网到纸媒"的网生杂志模式，通过并购、整合媒体资产以及开展跨媒体、跨行业的商业合作等方式扩大杂志队伍、拓展产业链，通过新旧媒体产品同步创新和利用新媒体资源搭建媒体社区，实现了集团收入连续七年的增长，在"寒冬"中迎来了"暖春"。

因此，本文以梅里迪斯集团作为案例展开论述，对其2010—2019年杂志创新模式进行详尽分析，以期总结出互联网时代杂志创新的基本模式，帮助我国杂志找到求新图存、应对当下危机的生存之法。当然，由于具体国情的不同，我国杂志创新所处的政治、经济和文化环境与其有所不同，杂志行业环境也有较大差异，因此，在借鉴前沿经验开展创新转型的过程中，我国杂志要结合具体的生态环境和行业环境，探索出属于自己的杂志创新转型之路。

参考文献

[1] 蒋宏,徐剑.新媒体导论[M].上海:上海交通大学出版社.2006:16.

[2] 尼葛洛庞帝.数字化生存[M].海口:海南出版社, 1997.

[3] 朱静雯,李靓.媒介融合背景下消费类期刊创新研究[J].科技与出版, 2015(4):105-108.

[4] Meredith Corp. Meredith 2019 Annual Report[R/OL].(2019-06-30).https://ir.meredith.com/financial-information/?section=AnnualReports.pdf.

[5] 李亚蓉.《博物》杂志的经营管理研究[D].河北大学, 2018.

[6] 许素,许新华,柏瑶,张盼,黄瑾. 基于python的微信公众号关注者数据分析[J].电脑与信息技术,2019(5).

[7] 蔡晓月.熊彼特式创新的经济学分析[D].复旦大学, 2007.

[8] 约瑟夫·熊彼特.经济发展理论[M].北京:商务印书馆, 1990:73-74.

[9] 王蕾, 曹希敬. 熊彼特之创新理论的发展演变[J]. 科技和产业, 2012(6):86-90.

[10] 叶新. 美国杂志的出版与经营[M]. 北京：中国传媒大学出版社, 2007.

[11] 秦朔. 美国杂志出版业考察[J]. 出版发行研究, 2001(7):8-20.

[12] 尹农. 中外消费类杂志比较研究[J]. 南京社会科学, 2010, 000(009):103-107.

[13] 戚馨. 美国杂志广告经营现状分析与启示[J]. 出版参考, 2011(18):42-43,45.

[14] 蔚雯. 美国杂志广告收入加速下滑[J]. 新闻记者, 2008(10):86-86.

[15] 甄西. 美国杂志行业危机四伏[J]. 出版参考, 2014(Z1).

[16] 陈怡. 传统杂志积重难返[J]. 中国报业, 2013(7):80.

[17] 杨银娟. 美国期刊营销策略中的社会化媒体应用[J]. 出版发行研究, 2014(1):92-95.

[18] 张倩."服务":让我们记住梅里迪斯[J]. 出版参考, 2009(16).

[19] 叶新, 肖琼. 梅里迪斯(理念篇):美国家庭观念的守护神[J]. 出版广角, 2005(7): 66-69.

[20] 叶新, 王芸. 梅里迪斯(经营篇):从农业杂志到传媒巨头[J]. 出版广角, 2005(6): 64-67.

[21] 叶新.分析美国杂志出版商的定制出版业务——以梅里迪斯整合营销公司为例[J].出版参考, 2013(7).

[22] 叶新,许蕾.梅里迪斯期刊集团花红百年,经营有方[J].出版参考, 2006(1X):41-41.

[23] 叶新,王雯.梅里迪斯业绩又创新高[J].出版参考, 2007(36):40-40.

[24] 周宇楠,叶新.从美国《十全菜谱》杂志看网生杂志的发展潮流[J].科技与出版, 2017(09):84-88.

[25] 王艳艳,叶新.从《美好家园》重新审视中国家居类杂志——走近中文版《Better Homes and Gardens》[J]. 出版参考, 2007(21):40.

[26] 陈怡.《妇女家庭》杂志用真实吸引读者[J]. 中国报业, 2012(3):76-76.

[27] 叶新,王艳艳.《美好家园》品牌经营策略分析[J]. 科技与出版, 2008(1).

[28] 尹璐.《美好家园》的"必备食谱"App新版火暴登场[J]. 出版参考, 2012.

[29] 邹莉.妇女杂志之父——《妇女家庭杂志》主编爱德华·鲍克[J].出版科学, 2011, 19(1):89-92.

[30] Miller J. E., Corporation M.. Better Homes and Gardens New Junior Cook Book[J]. 1997.

[31] Corporation M.. Better Homes and Gardens: 1-2-3 Quilt[J]. 2012.

[32] Zheng Cirino. Cond Montrose Nast[M]. Wikibooks Publishing, 2011.

[33] Miller F. P., Vandome A. F., Mcbrewster J., et al. Condé Nast Publications[J]. Alphascript Publishing, 2010.

[34] James S.. Berner Submits Resignation from Condé Nast Publications[J]. Wwd Womens Wear Daily, 2006.

[35] Flamm M.. At Condé Nast, it's print versus digital[J]. Crains New York Business, 2006.

[36] Fried, Lisa I.. Natural disaster becomes golden opportunity[J].Management

Review, 1994, 7:1-2.

[37] Collins, James. How More Precise Magazine Inputs Can Improve Media Mix Modeling The Impact of More Balanced Metrics on ROI[J]. Advertising Research, 2010, 5:10-15.

[38] Troland Thomas R.. Seeing Ahead: Underpinnings for What Is Next for Magazine Publishing[J].Research Quarterly, 2005:3-13.

[39] 刘培一, 赵新.美国科技期刊运行机制和发展环境[J]. 图书情报工作, 2006(3):53-58.

[40] 魏玉山, 杨贵山.美国的出版管理体制[J].科技与出版, 1995(1):42-45.

[41] 迈克费·瑟斯通.刘精明译.消费文化与后现代主义[M].南京:译林出版社, 2000:30.

[42] 崔保国.2014年中国传媒发展报告[M].北京:社会科学文献出版社, 2014.

[43] 常华.他山之石:美国媒体融合的思路与出路[J].当代电视, 2015(3):80-82.

[44] 谭天.媒介平台论[M].北京:中国人民大学出版社, 2016:48-50.

[45] 喻国明.媒介革命:互联网逻辑下传媒业发展的关键与进路[M].北京:人民日报出版社, 2015.

[46] 赵树旺.中国数字出版国际传播研究[M].北京:中国传媒大学出版社, 2017.

梅里迪斯（经营篇）：从农业杂志到传媒巨头

叶　新　王　芸

　　美国梅里迪斯公司至今已经有100多年的历史，从最初的一个农业杂志出版商发展成为美国最重要的传媒集团之一，除了传统的杂志出版业务之外，它还涉及图书出版、电视广播、整合营销和互动媒体等业务。

梅里迪斯的历史和现状

一、历史

　　梅里迪斯公司的创始人是埃德温·托马斯·梅里迪斯（Edwin Thomas Meredith）。1902年10月，他创办了至今仍有影响的《成功农业》（*Successful Farming*），第一期有500个订户。到1914年，其发行量达到了创纪录的50万册。老梅里迪斯在出版业务和政治生涯两方面都获得了非凡的成就。他帮助建立了4-H俱乐部，并在伍德罗·威尔逊总统内阁中担任农业部长。1928年初，他考虑作为民主党候选人竞选总统，不幸的是，因健康状况恶化去世，年仅51岁。

1922年7月，梅里迪斯创办《果实、花园和家居》杂志（*Fruit, Garden and Home*），这是一本家居和家庭服务类杂志，从名字上看带有很浓厚的农业色彩。从内容上看，杂志上经常会出现《怎样使我们的小果实变大》和《家禽场的有害物》这样一些的文章，但它也定期刊登"家喻户晓的音乐"的特写以及诸如《家庭装修的预算》和《正常婴儿》之类的文章。

1924年8月，该杂志改名为《美好家园》（*Better Homes and Gardens*），第一期零售10美分，订阅一年只需35美分。1930年，公司出版了第一本《美好家园》烹饪手册，其订户免费。1937年，它开始出版《美好家园》特殊兴趣出版物（SIP，类似于专刊、增刊，定期发行，报摊销售），介绍建筑理念。1948年，它购买了纽约州雪城的WHEN-TV，开始涉足电视广播业务，经过50多年的收购和发展，成为其两大经营部门之一。

1978年，梅里迪斯开办了《美好家园》房地产业务，并通过合资出版了《美好家园》澳大利亚版，开始进军海外。1984年，原为《美好家园》SIP的《乡村家园》（*Country Home*）正式创刊，并创办《木材》（*Wood*）杂志。自1986年购得《妇女家庭杂志》（*Ladies' Home Journal*）之后，第二年它又引入了《中西部生活》（*Midwest Living magazine*）。

1989年，《传统家园》（*Traditional Home*）也从《美好家园》一本SIP发展成为双月刊。同年，它还购买了《女子高尔夫》（*Golf for*

Women）。1994年，它又创办了《蜡笔小孩》（*Crayola Kids*）和《花卉与自然》（*Floral & Nature*），并在沃尔玛商店开办"《美好家园》中心"，进入产品制造和销售领域。

1997年，《美好家园》电视频道开张，进入美国90%的电视用户，并创办《家庭理财》（*Family Money*）杂志。次年，它又创办了《摩尔》杂志（*More*）。2000年，它创建互动业务和整合营销部门，以大力促进网络业务。2002年，梅里迪斯迎来了它的100周年庆典，而最好的礼物就是从Primedia公司手中购得的《美国婴儿》（*American Baby*）杂志出版集团。

二、现状

今天，梅里迪斯公司包括出版业务和电视广播两大部分。其中，梅里迪斯出版公司拥有包括《美好家园》在内的17种杂志、大约170种SIP，每年出版大约350种图书，开办有梅里迪斯出版社。其顾客数据库包含7500万个名字，占美国人口的三分之一，使得它的广告商能够准确定位市场活动。它的整合营销运营业务与美国的大公司都有密切的联系，它还拥有包括公司网站在内的由26个网站组成的局域网，网络资源十分丰富。

其广播电视业务也有着不俗的业绩，并对出版部分起着极大的支撑作用，相得益彰，比如《美好家园》电视频道的开张。梅里迪斯广播公司拥有13家电视台，能够进入美国9%的电视家庭。其中8家电视台位于全美重要的市场，包括亚特兰大、凤凰城、波特兰、哈特福德、纳什维尔、堪萨斯城等。其电视台附属于美国CBS、FOX、NBC、UPN、WB等各大电视网。同时，它还经营一家广播台。

三、2004年财政年报

根据公认会计准则（GAAP）计算，2004财政年度（2003.7.1—2004.6.30）是梅里迪斯公司历史上收益最丰的一年。其总收入为11.62亿美元，比上年增加7.59%；运营利润为2.03亿美元，增长18.02%。其收益率为17.47%，比上年增长1.54个百分点。由于梅里迪斯良好的经营业绩，其在美国股市上也牛气冲天，股票价格上扬了25%，大大超越了其他传媒公司和主要市场指标；其每股收益达到了创纪录的2.14美元，比上年增长22.29%。详细情况见表1。

表1　经营业绩

	2004 财年	2003 财年	2002 财年
总收入（亿美元）	11.62	10.80	9.88
利润（亿美元）	2.03	1.72	1.37
总资产（亿美元）	14.66	14.32	14.60
每股收益（美元）	2.14	1.75	1.30
每股分红（美元）	0.43	0.37	0.35
股价高点（美元）	55.94	47.75	45.00
股价低点（美元）	43.65	33.42	26.50

梅里迪斯出版公司的主要业务

梅里迪斯出版公司的主要业务包括杂志出版、图书出版、整合营销、互动媒体和品牌特许五大板块。

一、杂志出版

（一）订阅杂志

梅里迪斯公司以杂志起家，而到了今天，杂志仍是它最重要的盈利来源。梅里迪斯拥有17种杂志品牌，包括《美好家园》《妇女家庭杂志》《传统家园》《乡村家园》《摩尔》《中西部生活》和《美国婴儿》《成功农业》《木材》等。它的主要杂志都是以订阅为主，避免了报摊零售的市场风险（见表2）。

表2　主要杂志订阅情况

杂志名称	发行基数（万册）	订阅比重
《美好家园》	760	97%
《妇女家庭杂志》	410	93%
《乡村家园》	125	90%
《摩尔》	100	90%
《传统家园》	95	85%
《中西部生活》	90	95%

《美好家园》创刊至今已有80多年的历史，是梅里迪斯的旗舰杂志，其760万册的期发量稳居美国杂志的第五位。其品牌延伸业务最为成功，不仅诞生了《传统家园》《乡村家园》等子刊，还出版了带有《美好家园》商标的许多SIP和系列图书。为体现互动性，加强与读者的交流，争取更多的订户，它还开设了BHG.com网站。不仅于此，它的品牌还延伸到了产品领域，在沃尔玛商店开设了《美好家园》中心，出售其花园和户外生活用品；开发了《美好家园》"首席建筑师"家居设计软件。它还授权家园内饰和礼品有限公司生产《美好家园》家居装饰品；授权泡特出版公司出品《美好家园》台历。

（二）特殊兴趣出版物（SIP）

除了杂志之外，梅里迪斯还出版了170多种特殊兴趣出版物（SIP）。SIP包括年刊、半年刊、季刊或一次性出版物，主要在报摊销售，是梅里迪斯杂志零售收入的主要来源。它们每种集中于一个特殊的类别区域，比如烹饪、园艺、装饰、建筑、手工艺或度假，等等。除此之外，梅里迪斯的其他几个主要杂志也在出版SIP。而《美好家园》系列刊物是美国杂志出版业中最庞大和最成功的SIP阵容。

（三）定制出版物

梅里迪斯出版了诸多定制出版物（custom publishing）。定制出版物也称为公司内刊，是梅里迪斯通过整合营销产生的为国内外客户制作的杂志。包括为嘉年华邮轮公司、戴姆勒-克莱斯勒汽车公司、爱慕斯猫粮公司、信安金融集团等公司编辑的杂志。

二、图书出版

梅里迪斯出版的第一本图书是《美好家园》烹饪手册，现在已经修订了第12版，是美国历史上最畅销的精装书之一。

从那以后，梅里迪斯继续把著名的品牌变成著名图书，现在每年出版305种图书，种类包括烹饪、家庭改进、园艺、装饰和手工艺。它是美国家居和家庭图书领域的佼佼者。

三、整合营销

梅里迪斯利用多种公司资源和专门技术，为诸如家庭仓库（The Home Depot）、雀巢、卡夫等客户发展整合营销项目。

（一）梅里迪斯整合营销

梅里迪斯整合营销是在定制出版和传播方面的全球领袖。作为关联媒体的先行者和最熟练的从业者，梅里迪斯整合营销产生了具有创新性的杂志、网站和其他定制媒体，把品牌引入生活，与用户产生了强大的联系。其客户名单包括以下领先品牌：戴姆勒-克莱斯勒、约翰·迪尔公司（世界上最大的农用、工业、林业和草场养殖设备的制造商）、嘉年华邮轮公司、美国联邦邮政局、信安金融集团和大都会人寿保险公司。

（二）数据库营销

梅里迪斯最有价值的资产是储存有7500万个名字的消费者信息数据库。它存有70%的美国家庭的信息。

它利用此数据库促进自身的营销项目，并为客户服务。比如，发行部门可以使用该数据库制订更有效的直邮计划。数据库研究部门制作出精确复杂的模型，帮助自己和客户识别潜在的消费者。而目录营销部门可以从该数据库租用名字给客户。

（三）公司销售和营销

梅里迪斯的公司销售和营销（Meredith Corporate Sales & marketing，MCS）是该公司促进集团销售的领域。它力图利用梅里迪斯所有的资产为客户提供全面的广告和营销计划，以达到客户的战略目标：（1）加强与其客户的联系；（2）抓住和影响新的目标；（3）卖掉更多的产品。通过与杂志、图书、整合营销、战略营销、互动媒体、数据库营销和电视的全力合作，MCS为其客户发展和完成了多平台的营销解决方案。

（四）实验厨房

梅里迪斯还有两个实验厨房，一个是位于得梅因的《美好家园》测试厨房，另一个是位于纽约的《妇女家庭杂志》实验厨房。其食品部门可以在那里制作和实验出现于杂志、图书和定制杂志中的食谱。

四、互动媒体

从1994年开始，梅里迪斯一直稳定地投资和利用互动媒体，将内容、工具、技术有机地结合。今天，梅里迪斯拥有和经营着26个网站，包括网上几个领先的家庭和家居站点。

互动媒体的目标在于为梅里迪斯的网民提供高质量的互动体验，以拓展该公司在数字领域的影响，从而有效地营销其杂志和产品。

梅里迪斯的家居和家庭网络每个月有800万个访问者和1亿网页，其主要战略站点罗列如下。

（1）"美好家园杂志网站"（www.BHG.com）是梅里迪斯家居和家庭网络的首要站点，注重装饰、手工艺、娱乐、烹饪、度假和园艺等内容，为热衷于家居和家庭的访问者提供广泛的信息。

（2）"妇女家庭杂志网站"（www.LHJ.com）注重促进妇女生活方式的内容和方式。该站点提供深度的内容和方式，涉及美容、个人健康、养育、亲情、食品和家居等。

（3）"摩尔杂志网站"（www.More.com）是*More*杂志的互动式延伸。它为40岁以上的女性提供互动性的抽样调查、小测验和社会性信息平台。另外，该站点主要从事品牌推广活动，包括"摩尔模特大搜索"和"摩尔马拉松"等。

（4）"美国婴儿杂志网站"（www.AmericanBaby.com）是预想、怀孕和养育婴幼儿的可信赖的信息来源。受欢迎的互动性文章包括怀孕和婴儿日历、小儿科健康中心……

（5）"健康孩子网站"（www.HealthyKids.com）是2—10岁孩子的父母的领先站点。该站点提供关于儿童健康、成长、营养、手工、活动和度假的全面深度分析。

所有梅里迪斯的站点都有着同样的主题。它们通过在互动环境中发现抓住消费者的新方法来提升杂志品牌的价值。每个站点都反映与梅里迪斯杂志和广播经营同样的同样理念、标准和编辑目标。

五、品牌特许

梅里迪斯品牌特许业务要追溯到20世纪30年代《美好家园》新烹饪手册的出版。而现在，其品牌特许业务已不仅限于书刊出版领域，早已通过精心挑选的合作伙伴延伸到了产品和服务领域。

例如，1994年以来，沃尔玛商店将《美好家园》（注册商标）品牌用于遍布全美的园艺中心的园艺和户外生活产品上。带有《美好家园》品牌标记的一系列产品，包括户外设备和可换衬垫、园艺工具、水管喷口、水龙带、洒水器材，还有鳞茎和种子等农作物。

1998年7月，梅里迪斯出售其《美好家园》房地产服务项目的全部资产给GMAC家居服务公司。作为这项交易的一部分，买主确保可以使用《美好家园》品牌10年，并利用梅里迪斯广泛的家庭家居信息资源，以支持它的消费者推广活动。

梅里迪斯品牌特许部门力图开展各种各样的品牌经营业务。为使其品牌价值不受损害和淡化，它一直监控与这些品牌有关的产品和服务的质量。

梅里迪斯的成功之道

从2004财政年度来看，梅里迪斯出版集团的收入为8.73亿美元，比上年增长了8.04%，其中广告收入增长了10%。利润为1.611亿美元，比上年增长15.65%；其收益率比上年增加了1个多百分点，达到18.45%。据美国杂志出版商协会的出版商信息局统计，美国消费类杂志的广告页总量下降1%，而梅里迪斯逆市而上，其杂志广告页总数增长了9%，广告收入则增长了10%，令人刮目相看。

无论是从2004财年及以前的非凡表现还是2005财年及以后的计划

来看，梅里迪斯出版公司的成功得益于其优秀的运营团队和成功的经营策略。

一、优秀的运营团队

梅里迪斯出版公司的极大成功，首先要归功于以董事长兼CEO威廉·科尔为首的运营团队。

科尔从1998年1月起担任现职，负责整个公司的战略规划和运营实施。加入梅里迪斯之前，科尔作为纽约时报杂志出版集团总裁为其服务了7年。科尔主持了梅里迪斯10多年的空前增长。他把《美好家园》创建成一个卓越的杂志品牌，在女性服务领域广告收入中占到31%的份额。另外，他把梅里迪斯购得的另一个老牌大众市场杂志——《妇女家庭杂志》重建为一个非常成功的杂志。

科尔注重于增加梅里迪斯杂志的数量。诸如《乡村家园》《传统家园》《中西部生活》和《木材》已经成为各杂志类别的佼佼者。梅里迪斯在1997年创刊了《摩尔》杂志——第一个在40岁以上女性领域成功的杂志。2002年，梅里迪斯购买了《美国婴儿》杂志出版集团，加快了该公司迈向年轻女性和西班牙女性市场的步伐。

另外，科尔和他的团队执行了非广告收入策略。使用《美好家园》品牌，科尔将梅里迪斯的SIP数量翻了一倍，达170种。他重组了公司的图书出版业务，集中于拓展它自身及其客户的品牌。他建立了梅里迪斯整合营销业务，成为定制出版领域的佼佼者。而梅里迪斯互动媒体产生了100万个在线订阅者。

在广播方面，梅里迪斯的电视台从5个发展到13个，进入了亚特兰大和波特兰这样的主力市场。

科尔服务于多个营利性和非营利性组织。他是美国杂志出版商协会

（MPA）的前任主席。国际期刊联盟（FIPP）的现任主席。他也是牛津大学出版社美国分公司的托管董事。

2004年因其非凡的成就和对美国杂志出版业的贡献，科尔获得美国杂志出版商协会颁发的亨利·约翰·菲舍尔奖。

威廉·科尔的"三驾马车"运营团队还包括斯蒂芬·M.莱西、杰克·格里芬，此二人堪称威廉·科尔在出版运营方面的左膀右臂。

斯蒂芬·M.莱西，现任梅里迪斯公司总裁兼COO，2004年6月担任该职。他负责出版公司的战略规划，包括杂志、图书、整合营销、互动媒体和品牌授权业务，另外还有公司的广播业务。

莱西是审定会计师，毕业于美国堪萨斯州立大学，获得会计学的学士和硕士学位。莱西是美国直销协会和广告委员会的董事。他1998年加入梅里迪斯公司为副总裁和首席财务官（CFO），后担任梅里迪斯出版公司总裁。

杰克·格里芬，现任梅里迪斯出版集团的总裁，2004年6月接替斯蒂芬·M.莱西之职。格里芬在传媒界有着20年的经验，经营过杂志、整合营销、定制出版、互动媒体、电视和报纸。他曾在《麦考氏》杂志待过5年，担任负责销售和推广的副总裁。之后，他进入梅里迪斯公司担任过多个销售和营销方面的职位，包括整合营销部和定制出版方面的总经理、广播集团的营销副总裁。在这些年中，他拓展了梅里迪斯的定制出版和整合营销方面的业务，在两年内将定制出版业务提高了一倍。他也在建立与Metropolitan Life、雀巢、西尔斯的联系方面发挥了重要作用。五年之后，他去了游行出版公司，担任该公司总裁及《游行》杂志的出版人。后来，他又回到梅里迪斯，担任其杂志出版公司总裁。

另外，格里芬还是美国广告联盟（AAF）的主席，2001年入选AAF名人堂，在美国广告界极具影响力。

二、成功的经营策略

梅里迪斯出版公司的目标是成为美国顶尖级的媒体公司，服务于关心家庭、家居和个人发展的女性。而该目标的实现体现在以下四个核心策略的坚决实施。

（一）促进杂志、书籍和公司出版运营

杂志出版是梅里迪斯公司发展的基石，增加杂志广告收入的市场份额是梅里迪斯收入增长的关键。据出版商信息局统计，在2004财年中，梅里迪斯旗下的《美好家园》《妇女家庭杂志》《传统家园》《乡村家园》以及《摩尔》《中西部生活》等，都在广告页和广告收入两方面获得强有力的增长。自从2001财年以来，其中等规模杂志的发行基数增加了88.5万册，相当于成功创办了一本新杂志。

扩展广告类别是另一种增加收入的方法。在2004财年，梅里迪斯在食品和饮料、家居和建筑、化妆品等传统广告类别中收获颇丰。此外，它还增加了自动化、技术、零售和时尚类的广告页，其收入比重日益扩大。

对广告商来说，梅里迪斯拥有的竞争性优势在于其杂志的发行模式。它长期与订户直接联系，通过直邮和网络完成杂志的订数。这种订阅导向策略导致了更低的购置成本、更高的更新率，并免于报摊违约的风险。

鉴于杂志出版业面对的现有报摊的挑战，梅里迪斯最近采取措施，通过系统地减少零售的SIP数量改进销售结果。现有的SIP都是些强有力的产品，并将长期留在报摊，来增加销售机会。梅里迪斯将集中精力关注销售家居和家庭出版物的主要零售渠道，比如大零售商、书店，以及家庭仓库（零售巨头）、劳氏公司（家居修缮企业）等家庭服务中心等。

（二）扩展品牌特许经营业务

在梅里迪斯的杂志业务中，扩展品牌特许是梅里迪斯优先考虑的事情。《美好家园》是美国已有杂志中靠自身成名的鲜有的杂志品牌之一。梅里迪斯计划通过销售产品和电视广播的新方法来扩展品牌。

梅里迪斯相信其它的杂志品牌也具有巨大的延伸潜力。《美国婴儿》是创刊于1938年的成熟品牌，在日益扩大的初为父母者市场处于领头羊的地位。梅里迪斯正在开发其品牌价值，增加它的附属产品和服务。

作为第一本成功定位于富裕的40岁以上女士的杂志，《摩尔》拥有从一本出色杂志发展成真正品牌的潜力。它的读者群是广告商的主要目标，且其读者人数和影响日益显著。梅里迪斯通过"摩尔模特大搜索"和"摩尔马拉松"来增加其曝光度。梅里迪斯正在开发其他媒体平台和国际扩展来增进更广的认知度，进而争取将它推进到更高的层次。

（三）通过收购和创刊来拓展杂志阵营

梅里迪斯有着良好的金融情况，现金流十分充足。这意味着梅里迪斯拥有雄厚的资金来拓宽其杂志阵营，吸引更多的30岁到40岁的女性。在美国有大约2000万这一年龄层的女士，她们中的很多都建立了家庭。梅里迪斯相信吸引她们的内容将会定位于健康、父母养育和健身。

从历史上看，梅里迪斯的做法有两点，一是收购类似杂志，二是创办新杂志。前者比如《妇女家庭杂志》《中西部生活》和《美国婴儿》等，后者比如《乡村家园》《传统家园》等。而通过企业文化整合、内容重新定位等有力措施，这些杂志日益成为梅里迪斯颇具品牌和经营价值的资产，为其带来稳定的发行数量和收入来源。

（四）创立新的服务和收入来源

举个例子，梅里迪斯一直寻求途径来加强在西班牙族裔市场的根基。通过调查显示，梅里迪斯的核心竞争力在于家居装饰、家庭建议和养育孩子，在很大程度上与这些西班牙语读者有关。梅里迪斯对此已经有了三个切入点：（1）《美国婴儿》杂志出版集团，它每年通过西班牙语出版物和相关市场项目抓住300多万的读者群；（2）与家庭内饰和礼品公司的联盟，其中包括大量的面向西班牙族裔销售的展品；（3）图书业务，其中包括一些梅里迪斯最畅销图书的西班牙语版。

对梅里迪斯来说，相关产品的销售增加了收益并强化了品牌。梅里迪斯对家庭内饰和礼品公司的品牌授权，带来了《美好家园》家居装饰产品的强劲销售。在沃尔玛花园中心（Wal-Mart Garden Center），《美好家园》的园艺和户外活动系列产品销售正旺。另外，梅里迪斯正在和几个特许经营商谈判，将大量生产和销售特许季节性产品，为双方带来20亿美元的销售收入。

梅里迪斯图书业务的中枢在于其常新、独特的内容。梅里迪斯通过增加新的图书类别，比如"商业空间"、HGTV和"食品网"这样畅销的品牌，来例证现有的成功。在2004财年，梅里迪斯开拓了儿童图书的范围，包括一系列和《蜘蛛侠》有关的图书。除了增加收益，这些授权合同也扩展了梅里迪斯的发行渠道，包括反斗城（玩具）、BBB（家居用品）、威廉姆斯·索诺玛（家居用品）这样的更大范围的特殊零售商。梅里迪斯相信，新的内容、类别和发行渠道的整合届时将促成强有力的增长。

梅里迪斯看到了整合市场、定制出版运营的巨大潜力。2003财年和2004财年是在新增业务方面最有力的年份，因此产生的收益将会在2005财年和以后的年份中显现。

（原载《出版广角》2005年第6期）

梅里迪斯（理念篇）：
美国家庭观念的守护神

叶　新　肖　琼

长期以来，梅里迪斯公司（特别是其出版集团）的主要目标就是成为美国顶尖级的传媒公司，服务于其基本兴趣是家庭、家园和个人发展的女士，其目的是要成为美国家庭观念的守护神。从目前来看，通过其杂志、专刊、图书、网站等关联产品的生产和营销传播，梅里迪斯在美国家庭家居市场中确立了领先地位并创造了非凡的业绩。随着该公司对古纳亚尔美国出版公司4种杂志的收购完成，梅里迪斯（就期发量来说）即将成为仅次于时代公司的美国第二大杂志出版集团，其在家居家庭类传媒市场的领先地位更加不可撼动。

一、围绕家庭观念构筑期刊帝国

从梅里迪斯现有的20种杂志来看，无不围绕着家庭、家居的内容展开，由其名称就可见一斑。比如，带有"Home"（家居、家）的有5种，带有"Garden"（花园）的有4种，带有"Living"（生活）的有3种，带有"Country"（乡村）的有2种。从目标读者来看，大部分杂志以女性为主，有年龄范围很广的《美好家园》《妇女家庭杂志》，有专门针对40岁以上妇女的《摩尔》，有适合年轻家庭阅读的《美国婴儿》，等等。从读者年龄中间值来看，《妇女家庭杂志》最大，为51.1岁，《中西部生活》50岁，《摩尔》47.3岁，《美好家园》45.9岁，《乡村之家》45.7岁，《传统之家》45岁，而《美国婴儿》的加盟则为梅里迪斯开辟了更为年轻的读者市场。以下分别以《美好家园》《妇女家庭杂志》等7种杂志做简要的说明。

（一）《美好家园》

1. 基本情况

据Mediamark Research Inc.(MRI)2004年的统计，《美好家园》读者情况如表1。

表1　《美好家园》读者情况

项目	读者划分	读者人数（万人）	构成（%）	中间值
1. 受众	成人	3808.0	100.00	
	女性	2975.3	78.10	
	男性	8327	21.90	
2. 年龄段	18—34 岁	825.1	21.7	45.9 岁
	25—54 岁	2421.8	63.6	
	35—49 岁	1364.7	35.8	
	18—49 岁	2189.7	57.5	
	50 岁以上	1618.2	42.5	
3. 拥有住宅	拥有住宅	3090.0	81.1	166800 美元
4. 家庭拥有孩子	拥有 18 岁以下的孩子	1704.1	44.8	

项目	读者划分	读者人数（万人）	构成（%）	中间值
5. 受教育程度	受过大学教育的	2222.4	58.4	
	大学毕业以上的	1046.4	27.5	
6. 家庭收入	4 万美元以上	2595.2	68.2	59684 美元
	5 万美元以上	2331.6	58.6	
	6 万美元以上	1893.3	49.7	
7. 雇佣状况	受雇	2424.1	63.7	
8. 婚姻状况	已婚	2517.6	66.1	

2. 编辑内容

《美好家园》是家居和家庭方面的权威性杂志，最受美国妇女青睐。它对意图拥有更加美好生活的读者来说是一个领航仪，其使命在于：使得读者生活中最重要的人（他们的家庭和朋友），在他们生活中最重要的地方（他们的家）共度美好时光。其编辑内容主要分为以下四大版块。

（1）美化生活

本版块描绘了家庭和多彩生活的艺术，体现了《美好家园》的本质特点。它的栏目鼓励读者用独特的非传统的方式去与朋友和家人充分地庆祝生活。

（2）家居和园艺

该版块展现最新的装饰产品和趋势，消费者可从中挑选适合自己的产品，每月还可提供一次到装修得既富丽堂皇又适合居住的家庭参观的机会。

（3）食物和娱乐

娱乐栏目为读者提供最新的娱乐倾向、玩具和玩法。而美食专栏则每月提供食谱，以激发当今最热情的厨师（广大母亲）保留家里最好的位子（厨凳）。

（4）家庭事务和家庭健康

家庭事务是家庭生活的核心部分，它有助于家庭的发展。从举家旅行到家庭理财，本栏目提供实用的生活建议使每个家庭受益。而家庭健康栏目则帮读者解决影响家庭幸福的重大问题。

现在的内容分布如下：家居设备和建筑占正文篇幅的42%，园艺占22%，食品和营养品16%，家庭和健康12%，生活方式、文化和大众趣味8%。家居和园艺虽然还是杂志内容重心所在，但有关食品、营养、健康、文化的内容也有不小的份额。

3. 成功原因

（1）特色鲜明

我们引入一项研究成果来说明这一点。据美国得克萨斯科技大学大众传播学院的罗杰·C.萨索夫和朱莉·A.莫丽凌的一项研究，美国三大妇女杂志的主要话题仍然是烹饪。这是他们具体分析了《美好家园》《好管家》《妇女家庭杂志》1905—1985年发表的1420篇文章得出的结论。

表2　三本杂志1905—1985年文章涉及内容

杂志名称	1905—1925	1925—1955	1965—1985
《美好家园》	家务、家政 园艺、花卉 烹饪	家务、家政 园艺、花卉 烹饪	烹饪 室内装饰、住宅建筑设计 缝纫、手工艺
《妇女家庭杂志》	约会、婚姻 孩子及照看 服装、时尚	约会、婚姻 烹饪、孩子照看、交往 关系、家务、家政	健美、健康、食谱 烹饪 社会名人、电影明星
《好管家》	家务、家政 孩子及照看 约会、婚姻	烹饪 家务、家政 健美、健康、食谱	健美、健康、食谱 烹饪 家务、家政

《美好家园》除了烹饪这个永恒的主题之外，还有其他主题，从1905—1955年的家务、家政、园艺、花卉，演变到1965—1985年的室内装饰、住宅建筑设计、缝纫、手工艺。

这与其他两种杂志是不一样的。就1965—1985年，除了烹饪之外，《妇女家庭杂志》的主题还有健美、健康、食谱、社会名人、电影明星；而《好管家》则是健美、健康、食谱、家务、家政。

（2）紧跟潮流、领先一步

这一直是《美好家园》的办刊宗旨。其前任主编也是首位女主编简·莱蒙的一次讲演清楚地表明了这一点。

而《美好家园》的发展历程，就是一部活脱脱的美国家庭生活编年史。

从20世纪20年代刚刚创刊之时，家庭一直是《美好家园》关注的焦点。比较经典的文章题目有"好爸爸和好妈妈""想想它（怎样在后院建立一个玩耍空间）的趣味！""卧室里的更多颜色"和"把美带到家中"，等等。

20世纪30年代初期正处于经济大萧条时期，钱显然是该杂志的一个主题，比如类似《爹地，我们还会像以前一样有钱吗？》这样的文章。虽然此时女性在家庭中处于主导地位，但BH&G也开始注意到男性厨师的出现，因此它报道了一个男子烹饪比赛。

40年代初期，美国卷入第二次世界大战，社论部分经常是这样的文章：《战时生活》《提防战争的神经》和《爸爸的部队解决了他们的弹药问题》。在战争年代，BH&G帮助读者培育和保存他们自己的食品和在没有配给肉而用大豆代替的情况下做饭。它也鼓励读者利用自家的后院空地生产他们自己的牛奶、蛋和肉。

40年代中期以后，战争结束了，婴儿潮开始了。BH&G及时地用这样的故事帮助了家庭：《一个新美国人来到家中》，其小标题如下：
"是你们期望的山姆大叔最大的短发婴儿的一分子吗？下面是你想知道的为这个小陌生人准备的东西。"

到了50年代，*BH&G*奉上此时的典型家庭：《一个能成为舒适的、而不是永久关怀的家》。50%的家庭对新生活方式的要求就是便利。*BH&G*提供了关于第一台微波炉的简单介绍和第一篇关于太阳能的文章。

60年代注重对任何东西的颜色意识的唤醒，越疯狂越好。于是*BH&G*向读者展示他们期待的家庭装修，也有新的小用具。一个从食品编辑部出笼的故事描述了新的"自动机械"：电子煎饼浅锅和按钮操作的电转烤肉架，这是家庭生活步伐加快和寻求便利的表现。

70年代，女权运动爆发了。*BH&G*安排了这样一期封面：男人在餐厅忙碌，而女人在客厅读书。有比以往更多的女性投入工作场所，于是导致了这些故事的产生：《匆匆就餐》《一个针对已婚女人的弹性工作计划》和《外表更年轻可以帮助你得到那份工作吗？》。

80年代，传统开始回归，*BH&G*的核心读者在慢慢变老。因此，*BH&G*出现了关于《照顾好妈妈和爹地》和《那些小病小痛》的文章。

简·莱蒙最后总结说，从物质形态上讲，1922年出版的杂志与刚出版的一期没有任何相似之处。但70多年来一直不变的是：这本杂志从来不为时尚而编辑，也不去迎合情感的东西，它的一贯目标就是帮助读者创造更好的家居、更好的花园和更好的家庭生活。

（二）《妇女家庭杂志》

1. 基本情况

据MRI的统计，《妇女家庭杂志》女性读者情况如表3。

表3 《妇女家庭杂志》女性读者情况

项目	读者划分	读者人数（万人）	构成（%）	中间值或均值
1. 女性	总人数	1319.4	100	
	已婚	843.4	63.9	
	职业女性	501.6	38.0	
	工作妈妈	350.1	26.5	
2. 年龄段	25—54 岁	741.5	56.2	51.1 岁
	30 岁以上	1237.4	93.8	
3. 家庭收入	5 万美元以上	720	54.6	54613 美元
	6 万美元以上	589.4	44.7	
4. 个人收入	4 万美元以上	246.3	18.7	
5. 受教育程度	受过大学教育的	739.5	56.0	
	大学毕业以上的	339.2	25.7	
6. 拥有住宅	拥有住宅	1071.6	81.2	
7. 住宅价值	10 万美元以上	7812	59.3	215237 美元
	20 万美元以上	4288	32.5	

2. 编辑内容

《妇女家庭杂志》是面向美国现代家庭妇女的杂志，她们看好和珍视自己的家庭，但也寻找途径来充实、放松和改进自己，尤其是在驾驭自己的感情方面。它有九大独特版块：

（1）家庭关爱和家庭生活：从"拯救婚姻"到"我的为人母亲生活"，本版块关注女性一生中所有的重要亲友关系。

（2）个人生活：本版块探求个人情感的成长和发展，一直由顶级作家的全面见解和独特文笔组成。

（3）关注美丽：多彩的美容信息和服务，再加上有趣和实用的形式，给关注美丽的女性以舒适的感觉。

（4）关注时尚：时尚的打扮使整个家庭（丈夫孩子甚至是狗狗）

都显得更时髦和得体。

（5）容貌专题：来自业内名人专访和丰富多彩的新闻故事，还有每年分12次关于美国家庭生活中某一特定话题的系列大讨论。

（6）家庭专题：图文并茂地展现舒适、令人心动的家庭环境。

（7）人生故事：讲述一些女性有趣的、激动人心的性格、事业、奋斗和改革运动，是《妇女家庭杂志》"家庭女性"的延伸。

（8）享受健康：用顶级保健作家的深入浅出的保健方法帮助广大女性更好地保护好自己和家人的健康。

（9）饮食专题：简单而又美味的食谱使生活更加有趣，因为饮食也是家庭生活的重要部分。

（三）其他主要杂志

1.《美国婴儿》

《美国婴儿》杂志（*American Baby*）创刊于1938年，后来发展成为美国婴儿出版集团，其产品主要针对年轻母亲和她们的家庭。2002年底，梅里迪斯以1.15亿美元从Primedia公司手中购得该集团。此项交易极大地拓展了梅里迪斯的杂志阵营和品牌资产，开拓了它在年轻女性和西班牙语家庭中的市场。

《美国婴儿》其主要内容包括以下版块。

（1）孕前版块，包括：考虑要孩子、身体调试、怀孕101条、生育因素、生育心理、专家建议、小测验。

（2）收养版块，包括：考虑收养、收养程序、养育、收养的孩子、儿科专家、小测验。

（3）怀孕版块，包括：婴儿起名、分娩、你的孩子、你的身体、你的生活、小测验、助产士问答、营养学家问答、妇产科医生问答、妈妈性专家问答。

（4）婴儿版块，包括：成长、喂食、看护、健康、儿科医师问答、妈妈性专家问答、安全。

（5）妈妈生涯版块，包括：家庭旅行、宠物和孩子、财经、假期、精神生活、身体和思想、养育专题、托儿所和婴儿房、小测验、单身母亲、聚会、你和你的伴侣、变老的父母、心理学家问答。

2.《摩尔》

《摩尔》（More）创刊于1998年10月，其名称有"更多"之意。它的目标读者是40岁以上女性群体的一部分，她们成功、独立、自信。

其编辑内容主要有：时尚（17%），金融、商业、国内外事务、艺术、社会（17%），食品、家居和生活方式（17%），美容（12%），娱乐、名人（14%），健康（13%），旅游（3%），亲属（7%）。

3.《中西部生活》

《中西部生活》（Midwest Living）创刊于1987年，属地区性杂志。它对与读者密切相关的包括家居、家庭、旅游、食品在内的事务进行最充分的反映，带有明显的美国中西部地区风格。

其编辑内容包括：旅游、交通（22%），园艺（11%），家居、建筑（19%），食品、营养（21%），大众趣味（11%），文化、人文（5%），其他（11%）。

4.《乡村之家》

《乡村之家》（Country Home）原来是《美好家园》的专刊，发行于1979年，正式作为杂志订阅发行是1984年。

《乡村之家》是为日益增长的有影响的、创造性的读者而办的，他们追求表现他们在家居和其他方面的原始的、个人的生活方式的便利途径。从编辑角度来说，其重心是在真实的家中过着真实的生活的真实的人。另外该杂志还代表了新奇、易行的想法，与读者生活有关的所有方面：家居、食品、娱乐、时尚、康乐、旅游和购物息息相关。总之，其办刊宗旨是：带给读者成就自身的灵感和愿望，探究他们的情感，享受他们的家庭生活。

5.《传统之家》

《传统之家》（Traditional Home）原来是《美好家园》的专刊，正式作为订阅杂志发行是1989年。它专注于今天的美国女性，关心她们是如何装饰、如何娱乐、如何生活的。它的办刊宗旨是：古典品味，现代生活（Classic Taste，Modern Life）。

二、不断巩固的帝国基业

2005年5月25日，美国杂志出版界传来令人震惊的消息，梅里迪斯公司宣布与古纳亚尔美国出版公司（Gruner + Jahr USA Publishing）达成一项协议，花3.5亿美元现金购买后者旗下的《父母》（Parents）、《孩子》（Child）、《体线》（Fitness）、《家庭圈》（Family Circle）4种杂志。古纳亚尔美国出版公司创建于1978年，现为全球出版巨头贝塔斯曼的美国子公司。1994年7月，它购买了纽约时报的妇女杂志出版集团，加上《麦考氏》（McCall's）、《美国家风和园艺》等原有杂志，一跃成为美国第六大消费类杂志出版商。2000年，新管理层上任之后，为了使该公司进入前三位，采用了危险的冒进战略。古纳亚尔先后以2亿美元、3.42亿美元的天价购买了《公司》（Inc.）、《快速公司》（Fast Company），开始涉足商业出版领域。但这后来被证明是一项愚蠢的投资，严重混淆了它的公司形象。其后不久，位列美国妇女杂志市场"七姊妹"之一的《麦考氏》改刊名为《罗茜》（Roise），改刊不成竟导致停刊。2004年底，由于严重经营不善，它以2500万美元将

《YM》卖给康德·纳斯特，后者已于2005年2月将其停刊，其订户名单则并入《时尚·青少年版》（Teen Vogue）。此时，古纳亚尔的颓势已不可逆转，《家庭圈》等4种杂志出售之后，《公司》《快速公司》也会被梅里迪斯转手卖掉。这也表明贝塔斯曼将彻底退出在美国杂志出版市场的角逐。

表4　《家庭圈》等4种杂志的具体情况

杂志名称	期发量（万册）	读者（万人）	刊期	广告收入（亿美元）	广告页（页）
《家庭圈》	420	2050	15 期 / 年	2.98	1372
《父母》	220	1400	月刊	1.81	1467
《孩子》	100	490	10 期 / 年	0.74	1023
《体线》	150	540	月刊	1.16	1002
合计	890			6.69	4864

1.《家庭圈》

创刊于1932年，当妇女面对生活的每日挑战时，《家庭圈》提供明智、知性的方式来鼓励和赞美成功。众多女性读者把《家庭圈》当成她们家庭的最好朋友，使其成为美国畅销一时的妇女杂志。

2.《父母》

创刊于1926年，是双亲养育类杂志的先驱，今天仍然继续领先于该领域。从头到尾，《父母》都是一个美国家庭的积极鼓吹者，提供妈妈和爸爸为培养快乐、健康孩子所需要的信息。另外，除正刊之外，《父母》杂志还出版三种专刊：（1）西班牙语杂志《Ser Padres》，1年出版6期，发行基数50万册；（2）《父母·怀孕》（Parents Expecting），1年出版2期，期发量32.5万册；（3）《父母·婴儿》（Parents Baby），1年出版2期，期发量为32.5万册。

3.《孩子》

创刊于1986年，读者年龄中间值是32岁，它通过适时的信息和专家意见，帮助读者用聪明和时尚的方式养育他们的孩子。它在养育孩子方面提供最新的思想、显现趋势和重要信息，给妈妈更多的参考意见。

4.《体线》

在当今的纷繁世界中，《体线》以有别于其他杂志的方式提供现实女性真正意见。自信、年轻、活跃和激情，《体线》在思想、身体和精神三个方面提供全方位的真实信息，以帮助女性读者处理好她们生活中的方方面面。

梅里迪斯公司一直希望通过购买相近杂志的方式来拓展其杂志阵营，扩大它在美国杂志出版市场特别是女性消费类杂志市场的领先地位。《妇女家庭杂志》《美国婴儿》就是最好的例证。公司高层非常看好此项交易。

美国传媒专家预测，此项交易预计会极大地提升梅里迪斯在美国出版业中的地位，扩大其在美国女性杂志市场的领先优势。

（1）据MRI的调查，梅里迪斯的杂志将拥有超过1.35亿个成年美国女性读者，几乎占美国人口的一半，这将是美国杂志出版业中最大的女性读者群。

（2）据ABC和国际商业媒体认证公司（BPAW）的统计数据，梅里迪斯的全部杂志合计有近3000万册期发量，使其成为美国第二大消费类杂志出版商。

（3）据PIB的数据，梅里迪斯杂志的广告页总量将上升60%，达到约13000页之多。

（4）梅里迪斯出版集团的收入将增加约3亿美元，达12亿多美元，增长33%。

为了最大限度地发挥这些已有杂志的品牌优势，梅里迪斯将会根据就近原则，对它们进行有效的整合。威廉·科尔强调，梅里迪斯的所有杂志以《美好家园》《妇女家庭杂志》《美国婴儿》为主杂志，将被拆分成三大部分：（1）梅里迪斯养育杂志集团（the Meredith Parenting Group），包括《美国婴儿》杂志集团、《父母》、《孩子》等；（2）梅里迪斯妇女生活杂志集团（the Meredith Women's Lifestyle Group），包括《妇女家庭杂志》《摩尔》《体线》等；（3）梅里迪斯大众杂志集团（the Meredith Mass Reach），包括《美好家园》《家庭圈》等。

梅里迪斯可引以为豪的是，美国妇女杂志市场所谓的"六姊妹"（《妇女日》《家庭圈》《好管家》《红书》《美好家园》《妇女家庭杂志》，加上已停刊的《麦考氏》，原来被称为"七姊妹"）已有一半尽入其囊中。就期发量来说，梅里迪斯一举超过了赫斯特、康德·纳斯特两大杂志出版巨头，即将成为仅次于时代公司的美国第二大消费类杂志出版集团，其在家居家庭类传媒市场上的领先地位更加不可撼动。

表5　梅里迪斯原有杂志一览表

杂志名称	发行基数（万册）	刊期	创刊日期
1.《美好家园》（*Better Homes and Gardens*）	760	月刊	1922
2.《妇女家庭杂志》（*Ladies' Home Journal*）	410	月刊	1882
3.《美国婴儿》（*American Baby*）	200	月刊	1938
4.《乡村之家》（*Country Home*）	125	10 期 / 年	1984
5.《摩尔》（*More*）	100	10 期 / 年	1998
6.《传统之家》（*Traditional Home*）	95	8 期 / 年	1989
7.《中西部生活》（*Midwest Living*）	91.5	双月刊	1987
8.《木材》（*Wood*）	55	7 期 / 年	1984
9.《园艺和户外生活》（*Garden Ideas & Outdoor Living*）	50	季刊	——
10.《成功农业》（*Successful Farming*）	44.2	月刊	1902
11.《剪贴簿》（*scrapbooks etc.*）	35	双月刊	1999

杂志名称	发行基数（万册）	刊期	创刊日期
12.《美国缝纫》(*American Patchwork & Quilting*)	25	双月刊	1993
13.《创新风尚》(*Renovation Style*)	——	季刊	1995;
14.《涂饰》(*Paint Decor*)	——	季刊	1997
15.《园艺、装饰和风景》(*Garden，Deck，and Landscape*)	——	季刊	1992
16.《自做》(*Do It Yourself*)	——	季刊	1968
17.《糖尿病患者生活》(*Diabetic Living*)	——	季刊	——
18.《装饰》(*Decorating*)	——	季刊	1941
19.《创新家居》(*Creative Home*)	——	季刊	1995
20.《乡村花园》(*Country Gardens*)	——	季刊	1992

参考来源

[1] www.meredith.com.

[2] Sammye Johnson，Patricia Prijatel. The Magazine From Cover to Cover[M]. NTC Publishing Group，1998.

（原载《出版广角》2005年第7期）

美国名人冠名杂志启示录

李海文　叶　新

在美国杂志界，杂志名人化色彩日益浓厚，如《人物》周刊（*People*）等杂志的畅销就很能说明这一点。2006年，小报化的《人物》发行收入为5.33亿美元，广告收入8.73亿美元，合计总收入为14.06亿美元，分列美国杂志发行收入、广告收入、总收入的第一名。而20世纪90年代以来出现的名人冠名杂志则是名人杂志的特例。所谓名人冠名杂志，也叫名人个人杂志，通常是由该名人为封面人物和主编，内容大都与其有关，涉及工作、生活、娱乐等方面。检点美国杂志出版界，虽然这样的杂志出现不多，只有《玛莎·斯图尔特生活》《奥普拉杂志》《罗茜》《每天伴随蕾切尔·瑞》4种，但在美国杂志界的影响却很大，也为这些名人带来了滚滚收入。下面就以这4种杂志为例，分析美国名人冠名杂志的成功之道，也许对我们不无启示。

一、名人生涯与杂志简介

（一）经久不衰：《玛莎·斯图尔特生活》

玛莎·斯图尔特（Martha Stewart），1941年8月3日出生于美国新泽西州一个普通大家庭。1961年，她被《魅力》杂志评选为当年"最佳着装女大学生"。1982年，斯图尔特根据自己的亲身体验，出版了一本针对中产阶级妇女的畅销书——《消闲》，共售出50多万册，从此走入了畅销书作家的行列，并开始引领家政家居时尚。随即，斯图尔特被美国第二大连锁零售商凯马特（Kamart）选中，成为该公司中产阶级家庭主妇形象代言人。

1991年，斯图尔特与时代华纳旗下的时代生活公司合作，出版以自己的名字命名的杂志《玛莎·斯图尔特生活》（Martha Stewart Living），成为美国名人冠名杂志的滥觞。该刊每月出版，一度成为美国最畅销的杂志，销量高达240万册。后来，玛莎终止了与"时代生活"的合作，开始自己出版杂志。1993年，《玛莎·斯图尔特生活》同名电视节目面世，开播三年后，该节目在全美覆盖率达到97%。而季刊《玛莎·斯图尔特婚礼》（Martha Stewart Weddings）的发行量也达到了65万册。1999年，"玛莎·斯图尔特生活多媒体"在华尔街上市，使她成为亿万富翁。作为美国的"家政女王"和全美家庭妇女的偶像，玛莎·斯图尔特不仅拥有极高的个人形象价值，也是其企业品牌化身。

2006年，《玛莎·斯图尔特生活》的广告收入比上年增长56.5%，为1.64亿美元，广告页比上年增长41.3%，达1286.87页。再加上发行收入0.66亿美元，两者合计为2.30亿美元。另外《玛莎·斯图尔特婚礼》的广告收入和发行收入合计为3546.03万美元。

（二）风头正劲：《奥普拉杂志》

奥普拉·温弗瑞（Oprah Winfrey），1954年1月29日出生于美国南方密西西比州的一个单亲黑人家庭，生活异常困顿。在19岁那年被当地一家电台聘为业余新闻播音员，从此涉足传媒界。大学毕业后，奥普拉成为巴尔的摩一家电视台的正式播音员。后来台里给她安排了一个早间的谈话节目，不久她就成为当地小有名气的女主持。1983年，奥普拉结识了生命中的伯乐——"A.M.芝加哥"电台的老板丹尼斯·施瓦逊。进入施瓦逊麾下仅仅一个月，奥普拉访谈节目的收视率就超过了从前，估计每周约2300万美国观众收看。从此一发不可收，奥普拉直登"美国最当红脱口秀主持人"的宝座。1986年，她又遇到了另一位改变她命运的人——杰夫·雅克布斯，合伙创建了"哈普娱乐集团"（Harpo是奥普拉名字Oprah的反写）。1996年，集团推出"奥普拉读书俱乐部"（Oprah's Book Club），经她推选过的47本书，本本都畅销。为表彰她对美国书业所做的贡献，1999年，美国国家图书基金会授予她五十周年纪念金奖（50th Anniversary Gold Medal）；2003年，美国出版商协会（AAP）授予其AAP荣誉大奖（AAP Honors Award）。

奥普拉拥有多重身份：电视主持人、杂志创办人兼编辑总监、制片人兼女影星、慈善家、广播电视节目制片人，等等。这给她带来了无上的荣光。1998年，她被《时代》杂志评为"20世纪100个最有影响的人"。2004—2007年连续四年当选为该杂志全球最具影响力的一百位知名人物。而良好的名人效应又成为她赚取大把钞票的雄厚资本。

2000年4月，奥普拉和赫斯特杂志出版集团共同推出了《奥普拉杂志》（O, The Oprah Magazine）。它堪称美国杂志出版业的奇迹，是近年来最成功的杂志之一。创办的第二年，这本面向中高收入阶层的、标榜"新世纪个人成长手册"的妇女月刊就发行了2500万册，坐收1.4亿美元，一举刷新了一本杂志五年才能盈利的纪录。在2002年4月，这本杂志的第一个国际版本在南非亮相。2004年，创办《在家》（O, At Home）半年刊，是《奥普拉杂志》的延伸，从2005年春天起改为季刊。

2006年，《奥普拉杂志》的广告收入比上年增长15.6%，为2.82亿美元，广告页比上年增长10.8%，达1991.02页。再加上发行收入0.83亿美元，两者收入合计为3.65亿美元。

（三）偃旗息鼓：《罗茜》

罗茜·欧唐娜（Rosie O'Donnell），1962年3月21日出生于纽约州长岛市的一个爱尔兰家庭。1981年，她从波士顿大学退学，去做一个名叫"让我轻松一会儿"（*Gimme a Break!*）的脱口秀节目，以电视新人竞赛节目主持人的身份引起关注。之后，她开始在好莱坞闯天下，1992年的电影处女作《女子棒球队》已十分突出。1996年到2002年期间，欧唐娜主持全国广播公司（NBC）的日间谈话节目"*The Rosie O'Donnell Show*"，在美国有很高的知名度，1997—2002年连续6年获得电视艾美奖。2002年9月，她宣布要进军喜剧界，停止主持NBC以她为名的脱口秀节目，另换他人后不久就停播了。2006年9月，美国广播公司（ABC）邀请欧唐娜加入"观点"（*The View*）的主持阵容。欧唐娜不负所望，提升了节目的收视率，但也给ABC带来了不少麻烦。在2006年12月5日早上的"观点"节目中，欧唐娜模仿华人播报英语新闻，丑化华人，事后引发全美亚裔社区的不满，要求欧唐娜道歉。她迫于内外的强大压力，不得不道歉，但心有不甘。4月25日，她宣布要与ABC解除"观点"节目的主持合约，该节目的收视率开始不断下滑。

欧唐娜成名之后，为了家人的安全，居然让保镖带枪送儿子上学，在当地引起强烈反响。她还公开承认自己是同性恋者。2004年2月，旧金山市市长宣布在该市开放同性婚姻登记之后，欧唐娜与多年的同性伴侣凯丽·卡彭特马上登记结婚。欧唐娜还与同性伴侣共同抚养着四个孩子。由欧唐娜创办的"R-家庭度假公司"曾数次举办大型同性恋者家庭游轮，前往一些海岛或风景胜地旅行。

尽管如此，2007年5月4日出版的《时代》周刊选出2007年度全球最具影响力的一百位知名人物，欧唐娜也作为艺术与娱乐界人物名列其中。

欧唐娜无疑具有极大的知名度，但却不具有对应的美誉度。她的名气对其演艺生涯没有太大的帮助，对其同名杂志的开办则绝对是一剂毒药。美国老牌妇女杂志《麦考氏》（*McCall's*）已有120年历史，是美国妇女杂志"七姊妹"之一，虽然声望很高，但开始逐渐走下坡路。其主人古纳亚尔美国分公司看中了欧唐娜的名气，希望她的声望及其在电视上的促销能使该杂志尽快摆脱困境。她自信会成为"the Great White Oprah"（"伟大的白色奥普拉"）。2000年4月奥普拉创办杂志时她还到场祝贺，后者的举动给了她很大的信心。

2000年11月，"古纳亚尔美国"和欧唐娜签订合资协议，后者出借自己的名字作为《麦考氏》改刊后的名称，双方各占50%的股份。因此，《麦考氏》从2001年4月号开始改名为《罗茜之麦考氏》（*Rosie's McCall's*），后来干脆简称为《罗茜》（*Rosie*）。欧唐娜出任编辑总监，不仅刊登模特、美容等内容，还要求刊登有关忧郁症、乳腺癌、养育子女等故事，试图与其脱口秀栏目的内容实现互动。她认为这本杂志将明确地反映她自己的信仰和思想，她说："它将比奥普拉的杂志少一点精神上的东西，又比玛莎·斯图尔特的杂志更加注重实用性。"

但美国许多专业人士对此并不抱乐观态度，欧唐娜的个人形象和作风并不能给杂志带来好运。2002年9月，欧唐娜因与"古纳亚尔美国"的编辑控制权之争，宣布《罗茜》停刊，改刊加速了《麦考氏》这本老杂志的死亡。2006年，欧唐娜在其个人网站透露，她准备做另一本杂志，不知这一次她的运气如何。

（四）崭露头角：《每天伴随蕾切尔·瑞》

蕾切尔·瑞（Rachael Ray），1968年8月25日出生于美国麻省科德角，在纽约乔治湖长大。她的祖先来自意大利，家庭有烹饪的传统。她的家族在科德角拥有好几家餐馆，而她母亲是纽约北部一个连锁餐馆的食品总监。20多岁时，她进了梅西百货商店，一开始在糖果柜台工作，随后成为鲜食部经理。在经历了一系列与饮食有关的磨炼之后，她在阿尔巴尼市开始讲授烹饪课程，其中包括"30分钟地中海餐"。哥伦比亚广播公司（CBS）的一个当地电视台发现了她，让她在晚间新闻中播出一个每周一次的"30分钟膳食"（30-Minute Meals）节目，因此一举成名。随后，她与"美食电视网"（Food Network）签约，主持诸如"美食之旅"（Tasty Travels）、"每天40美元"（$40 a Day）、"盘中美餐"（Inside Dish）、"三十分钟膳食"（30-Minute Meals）之类的脱口秀节目，后者还为她赢得了2006年电视艾美奖的提名。她也被称为"烹饪女王"（Cookbook Queen），从1999年到2006年接连出版了13本烹饪图书，许多书名和内容都与其节目密切相关，畅销一时。

秉承了在电视节目秀和烹饪专著中的能干精神，2005年10月蕾切尔·瑞与美国发行量最大的《读者文摘》杂志合作，开创了一本倡导生活方式的杂志——《每天伴随蕾切尔·瑞》（*Every Day with Rachael Ray*）。这本由蕾切尔担任主编的全铜版纸杂志虽然以美食为核心，包含的内容却远大于食物本身。它提供一系列精巧而简便的美食制作方法，还提供品尝美食的场所和享受美食娱乐的实用建议。通过这本杂志，蕾切尔带领全国的读者去拜访美食爱好者，从高层名人到可信赖的食品大师，再到伟大的家庭厨师们。

虽然发行时间不长，但效果可嘉。2006年，它的广告收入为2044.11万美元，广告页为450.92页。再加上发行收入2407.66万美元，两者合计为4451.77美元。刚刚公布的《福布斯》"2006年全球100名人榜"，蕾切尔·瑞也榜上有名。其上榜原因是：美食电视网的明星大厨试图在脱口秀和杂志上崭露头角。

二、成功经验

（一）最大卖点：良好的公众形象

无论玛莎·斯图尔特、奥普拉·温弗瑞还是蕾切尔·瑞三人从何起家，但她们都是在电视上成名，她们那积极、健康、乐观的形象在家庭主妇中享有极好的声誉，而且在包括出版、广播、网络等相关领域的渗透也都有着相当积极的一面。杂志只是给她们提供了一个传播良好公众形象、为家庭主妇服务的新平台。名人生涯无疑是短命的，这些名人冠名杂志到底能走多远，还不得而知。但她们都在短时间内利用其良好的媒介资源和公众形象支撑起一本有着良好表现的杂志，确实难能可贵。而罗茜·欧唐娜则没这么幸运。是她的名气帮助《麦考氏》改刊成《罗茜》，但也正是她的同性恋身份、脱口秀主持的断断续续、发行量丑闻、口无遮拦等原因彻底毁了这个杂志。

（二）产生模式：品牌延伸

不管是《玛莎·斯图尔特生活》，还是《奥普拉杂志》《每天伴随蕾切尔·瑞》，都是媒介品牌延伸的结果。三个主角具有相当的名气，均以个人魅力来出版营销杂志。

斯图尔特做好《玛莎·斯图尔特生活》后，并未知足，再次进行品牌战略，开播"玛莎·斯图尔特生活"电视节目，创办了《玛莎·斯图尔特婚礼》季刊。另外，她还在全美各报刊同时撰写玛莎·斯图尔特专栏。同样，奥普拉的《在家》的诞生也是同出一辙。

个人出刊，其个人魅力至关重要。名气好，杂志才能卖得好。名气变坏，杂志的销售量也会受影响。例如，自2005年斯图尔特惹上官司以来，她的形象大打折扣，杂志的销量也降到了190万册。广告也大受影响。而同一时期，竞争对手《奥普拉杂志》和《简约》的读者数量则上升了。

（三）合作：选择良伴

要进入另一个媒体，应该找一个在该媒体领域有专长的合作伙伴。当奥普拉把她的电视节目延伸到杂志中时，她找到了全球最大的杂志出版商之一——赫斯特公司合作，杂志办得非常成功。赫斯特旗下的女性月刊如《大都会》《好管家》《哈泼斯·芭莎》等几乎覆盖了美国近一半的女性人口。斯图尔特开创杂志时，选择的是富有实力的时代华纳公司。选择良好的合作伙伴，意味着拥有较强的专业团队，在资金、编辑、出版、营销等方面都占有优势，各项工作可以较好地开展。而蕾切尔·瑞则在创刊之初选择了《读者文摘》这个期发量高达1000多万册的杂志。这样的杂志要成功，各司其职、良好合作是至关重要的。名人控制内容和宣传，出版商负责经营和管理，发挥各自所长，杂志才能迅速成功。失败的例子就是《罗茜》，刚创刊不久，罗茜·欧唐娜和"古纳亚尔美国"就为编辑控制权不断冲突，怎么能办好杂志呢？

（四）文章：注重质量

要想少花钱又能把家里装饰得精美雅致，就不能不提到玛莎·斯图尔特的名字。斯图尔特特别擅长指导主妇们用普普通通、价格便宜的物品把家里布置得品位十足。许多女性都很欣赏她的品位，那是她独有的时尚感。在杂志中，朋友般亲切的玛莎会告诉你如何进行家庭布置、准备膳食、招待客人以及激发孩子的想象力。她是这方面的专家，杂志也由于她的个人魅力而声名鹊起。

奥普拉凡事力求亲力亲为，事无巨细。据杂志的主编讲，"在杂志付印前，奥普拉会仔细阅读每一个字，彻底检查每一张图片。没有节目的时候，她就一直待在办公室的电脑前，她可以从周一下午3点一直干到周四晚上8点，再搭上周五一整天，就连一个标点符号也不放过"。

在内容产业中，只有坚持"内容为王，质量第一"，才会取得长期效果。尤其是以一次售卖为盈利模式的杂志，质量更是其生命线。不管是斯图尔特，还是奥普拉都对其杂志颇为讲究，正是如此，她们的杂志才能取得如此长期效益。

（五）读者对象：普通女性

《玛莎·斯图尔特生活》让那些并不太富裕的女性能够少花钱也拥有高雅的生活。她在家政方面的出色品位仍令许多女性大为推崇。玛莎·斯图尔特是关于品牌延伸的极具说服力的例子，原本一个简单的杂志现在又发展出一个报纸专栏、一个电视节目和一系列的家居用品。品牌延伸之所以能成功，是因为斯图尔特抓住了一般读者心理，能给读者实实在在的好处。

富裕女性毕竟是少数，普通女性是大头。以平民为主要读者对象，关注平民的生活，是提升杂志发行量的一大保证。

（原载2007年7月6日《中国图书商报》）

从《美好家园》重新审视中国家居类杂志

——走近中文版 *Better Homes and Gardens*

王艳艳　叶　新

2006年6月，梅里迪斯公司和SEEC传媒集团有限公司联手发行了 *Better Homes and Gardens* 的第一个中文版——《美家生活》。该中文版在中国大陆、香港、台湾等地区，以及新加坡同时面世，创刊号就有厚厚的300页内容，充分展现了该杂志丰富的历史和传统。

表1　中美刊对比

美刊背景介绍	中刊背景介绍
美国权威媒体之一，Meredith 集团 1922 年出品	财讯传媒集团：中国非常有潜力的传媒平台
美国 ABC 认证平均每期发行 760 万册	雄厚的资金与资源支持
全美同类杂志发行量稳居第一名	一流的媒体管理运营体系

美刊背景介绍	中刊背景介绍
MR1 调查结果显示拥有 4000 万读者	综合高效的发行推广渠道
8500 万个实名数据库	多年累积的高端读者数据库平台

"创意时代"中投入的人文关怀

如今，家居类杂志仍然处于一个"创意时代"。人们需要在杂志提供的创意中进行思考、完善。然而，分析目前国内市场上家居杂志的特色，不难发现这样的特点：首先，家居类杂志以时尚杂志为主；其次，时尚家居类杂志总是以世界潮流为风向标，在高档水平上求品质。而大众读者却认为杂志介绍的装修装饰案例离自己的生活太遥远，真正能适合大众消费的实用性指导却又不够。

表2　各大知名家居杂志定位特色简析

杂志名称	定位及特色
《瑞丽家居设计》	目标读者定位在中高收入阶层（年收入 20 万元以上），但杂志真正的读者中有一半是不属于这个群体的年轻人。它更注重指导性的内容，它会告诉读者为了达到某种效果从空间上如何处理，从色彩上如何搭配，从摆件上如何协调
《时尚家居》	本土化的杂志。它的读者定位在家庭月收入 8000 元以上的人士，没有达到这种收入要求的年轻人是主要读者
《新居室》	具有平民化色彩，定位大众化，但关注的只是人们的居室生活
《世界家苑》	重视装修部分，特别是旧屋改造，被读者看好
《家饰》	偏重于专业设计，从专业设计师的角度给读者指导
《家居主张》	带着大城市特点，玲珑、别致，更注重营造一种居住氛围和文化气息，它会告诉读者某个角落如何处理就会达到高品位效果
《CASA 国际家居》	和意大利 CASA 杂志有合作，多介绍国外信息，一直坚持在全世界范围内找寻最美丽的家

由表2不难看出，目前的家居类杂志大都是走时尚路线，更多关注时尚装修方面的问题，而《美好家园》强调的是设计与生活的态度：不

是设计、装修、空间、风格，而是独特的以人为本，将情感、伦理与趣味性紧密结合起来，形成一种理念，延续了美国版*Better Homes and Gardens*，鼓舞人们追求生活和家庭幸福的内涵和使命。它关注房子和装饰，更关心里面的人和生活；关注健康的饮食，更关心分享美食的愉悦气氛；关注最新的家庭问题与人际关系，更关心家庭里的每个成员都能够健康、愉快和持续地发展。将人文关怀融入创意中，是对一种生活方式和生活态度的诠释。

"美好"品牌的诠释

*Better Homes and Gardens*杂志在美国已经成功发行100年了，形成了独特的本土化家居类杂志品牌。其秘诀在于紧贴美国中产阶层的生活实际，描绘美好现实的生活梦想，激励人们以自己的行动为家庭和朋友们创造更美丽的家园。中文版《美好家园》创刊至今，一直致力于把杂志形象化，让大家更清楚地接受《美好家园》的杂志品牌。

目前，中文版《美好家园》主要是以30%的图片权与美国版*Better Homes and Gardens*合作。在这个品牌下，除了杂志以外还出版图书、专刊等其他出版物。此外，中文版也没有放弃新媒体——网络，及时、深度地将杂志的内容延伸拓展，实现与读者的良好沟通。

尤其值得一提的是，国内没有哪一本家居类杂志的封面是以人物为主题的。中文版《美好家园》大胆尝试了以人物为主题的封面，更加明确地体现了其致力于以人为本，以健康积极的态度决定居家生活的态度。虽然现在还无法断言这种尝试究竟是否符合读者的喜好，也不能预计其未来的发展方向究竟是否会偏移。但是，有一点可以肯定，它已经让大家都了解到——有这样一本杂志正在以温暖的视角关注我们的居家生活。

此外，中文版《美好家园》还参加了由中国妇女发展基金会、北京市工商联厨卫行业商会联合主办的"流动母亲安心行动"，并预计筹集100万元作为蒲公英就业教育专项基金的奠基款，专门用于发展流动青少年的职业技能教育事业。虽然，这种活动方式带来的效益目前还无法衡量，但是，它所诠释的《美好家园》理念与这一品牌的内涵必将可以得到充分的体现与展示。

一本引进国外版权进而在国内创刊的杂志不是没有，本土化家居类杂志也比比皆是，中文版《美好家园》刚成立一年，并没有在市场上独占鳌头，也远没有其原版杂志*Better Homes and Gardens*在美国几乎家喻户晓的名气，但是，中文版《美好家园》的存在本身就值得关注，透过这本杂志看到的是一个百年品牌在世界范围内的经营。

（原载《出版参考》2007年第21期）

《美好家园》品牌经营策略分析

叶　新　　王艳艳

　　《美好家园》是美国顶尖传媒集团梅里迪斯公司的旗舰杂志。正式创刊于1922年的《美好家园》目前拥有760万册期发量，读者群逼近4000万，已经成为美国家居和家庭方面的权威媒体，稳居美国家居类杂志第一位，以近10亿美元的收入占据全美第二位。2007年10月底，《美好家园》被美国《广告时代》杂志选为"2007年度美国最佳杂志"。

　　《美好家园》是美国为数不多凭借自身力量成名的杂志品牌之一，为公司的进一步发展拓展了极大的经营空间。以往，我们大可因一本杂志的编辑内容是否有品位、发行量是否足够大、能否赢得更多更好的广告去衡量其成功与否。然而进入新世纪以后，我们对一本杂志是否成功的标准会因为其品牌经营有道而另当别论。

一、《美好家园》如何成为品牌

作为一个强有力的家居家庭媒体品牌，《美好家园》（*Better Homes and Gardens*）被公认为美国家庭观念的守护神和美国家居生活的教科书，很大程度上得益于以下三点：定位准确；内容认证；与时俱进，引领潮流。

（一）定位准确

品牌就如一个王国，自建立之初就要极力捍卫并将其繁荣，而品牌定位犹如划分疆土，品牌定位也就是它的品牌内涵。《美好家园》品牌的建立非一日之功，得益于其周全、完备、犀利而准确的全方位定位。

1. 内容定位

内容是一个杂志的立身之本，内容定位则是杂志出版人对内容范围、知识层次、表达形式等所做的选择。在长期的编辑实践中，《美好家园》（注册商标）不像别的杂志那样定位于时政、时尚或者实用，只是专门针对美国人的家居和家庭，力图为想拥有更加美好生活的读者充当精确的领航仪。它的使命在于：使得读者生活中最重要的人（他们的家庭和朋友），在他们生活中最重要的地方（他们的家）共度美好时光。因此，其编辑内容主要分为以下四大版块：美化生活、家居和园艺、食物和娱乐、家庭事务和家庭健康。现在的文章内容比重分布如下：家居设备和建筑占正文的42%，园艺占22%，食品和营养品占16%，家庭和健康占12%，生活方式、文化和大众趣味占8%。家居和园艺虽然还是杂志内容重心所在，但有关食品、营养、健康、文化的内容也有不小的份额。

2. 读者定位

杂志的生命力掌握在读者手中，也可以说读者是杂志的衣食父母。

读者定位就是要发现和明确杂志的目标读者群，了解其自然条件、社会条件和心理条件，为其提供特定的阅读内容和广告服务。《美好家园》非常注重与读者之间的交流，对读者信息的把握非常准确，为杂志的定位及编辑甚至经营打下了坚实的基础。

据2007年MRI的最新统计，其读者基本情况如下。

表1　读者基本情况

项目	读者划分	读者人数（万人）	构成（%）	中间值
受众	女性	2975.30	78.10	
	男性	832.70	21.90	
年龄段	18—34 岁	825.10	21.70	45.9 岁
	35—49 岁	1364.70	35.80	
	18—49 岁	2189.70	57.50	
	50 岁以上	1618.20	42.50	
拥有住宅	拥有住宅	3090.00	81.10	166800 美元
家庭拥有孩子	拥有 18 岁以下的孩子	1704.10	44.80	
受教育程度	受过大学教育	2222.40	58.40	
	大学毕业以上	1046.40	27.50	
家庭收入	5 万美元以上	2331.60	58.60	59684 美元
雇佣情况	受雇	2424.10	63.70	
婚姻状况	已婚	2517.60	66.10	

3. 风格定位

风格是一个杂志区别于其他杂志的特色和魅力。风格定位则体现在杂志的内容和形态两方面。就外在形态而言，最能体现杂志风格的就是封面。80多年来《美好家园》的1000多个封面，外在形式固然多样，但内在风格又相当统一：封面构图、标题紧扣事件、直奔主题。值得一提的是，1997年12月《美好家园》为了庆祝它创刊75周年，重印了1924年假日版的封面——一个惹人喜欢的正在欢闹的小孩。同照片并配的是现在杂志封面特有的提示：可以在电视上看到此杂志更多的内容。值得一提的是，其醒目的刊名标志也是其风格的一个重要组成部分。

（二）内容认证

《美好家园》的内容认证不仅包括编辑内容认证，还包括广告内容认证。在很早的时候，《美好家园》就在美国艾奥瓦州得梅因（梅里迪斯公司总部）建立了自己的测试厨房，成为其内容认证的重要阵地。为了引领美国家庭生活的潮流，《美好家园》会推出各种各样的食谱，供美国家庭主妇选择。因此，食谱的反复实验和测试成为其编辑内容的高质量和权威性的有力保证。

而《美好家园》在广告内容上独特的"第三方认证"不仅保证了杂志的高格调，而且摒弃了广告一文不值的理念，将它们务实地转换为读者现实所需的另一种杂志内容，由此巩固了读者群体与品牌强度，可谓明智之举，高人一筹。广告商要在《美好家园》刊登广告之前，《美好家园》测试厨房就比读者先行一步消费，对其产品质量进行严格把关。一本杂志如果能尽力做到了解广告客户第一手的真实和有效质量情况，不仅能保证杂志品位的高调，提高广告客户在读者中的认知度，还能增强杂志的读者，尤其是作为家庭生活重要"把关人"的女性读者中的信赖感。

（三）与时俱进，引领潮流

"与时俱进，引领潮流"一直是《美好家园》的办刊理念。1995年4月，它的前任主编也是首位女主编简·莱蒙在美国德雷克大学发表了题为《重新定义美国家庭：杂志无妨仍作史》的演讲。她认为："为了适应包括政治、经济、科技和时尚在内的各种影响，美国家庭不断地定义自身。而当家庭发生变化时，杂志也随之变化。我们的工作就是提供与读者的家庭、孩子和不断改变的生活方式有关的思想和信息，来帮助读者适应这些变化。"它是一个世纪以来美国家庭生活的编年史，既活泼生动，又丰富多样。

从诞生之日起，《美好家园》就开始全面关注人们的家庭生活。虽然从它更早的起源《成功农业》、最早的刊名《果实、花园和家居》来看，还带有农业社会的色彩。

20世纪20年代，《美好家园》更多地讨论怎样建造一个家。它决定要陪伴着美国家庭内的女性，做一本非常基础与实用的指导手册。

到了30年代，美国房屋的建设成百上千倍地增长，那时的很多人成为房屋私产的拥有者，为《美好家园》的内容注入了最基本的元素。

40年代特别是战后时期的美国处在繁荣发展阶段，《美好家园》的版式发生了变化，开本规格变大了，变得更有魅力、更漂亮。它舍弃了些许传统的东西，强调为家庭生活带来灵感，而不只是讲那些实际操作层面的事情。

50年代早期，美国人对家的热爱使得《美好家园》成为日常生活信息来源最可靠的途径之一。在"战后建筑物兴建"时期，美国人忙于新建更多的家园。许多人在《美好家园》里获取关于住宅设计、装饰、园艺、烹饪的最新理念。

60年代的美国人已经开始学习如何利用植物改变枯燥单调的家，开始注重家里自然元素的运用。《美好家园》显然是倡导这一主流的先驱。

70年代，《美好家园》又首先倡导"重视庭园设计，享受户外生活"的观念。这种亲近自然的生活态度，至今仍深深地影响着美国人。

到了80年代，人们不仅在设计和建筑方面向《美好家园》求助，他们还信任并向其表达什么对他们的生活最重要。

90年代，尽管网络对生活的入侵已经无处不在，但幸运的是，《美好家园》一直倡导的亲近自然的居住方式也在此时达到了另一个高峰：人们可以在《美好家园》网站上搜索它的菜谱，同时也会花更多的时间钻研园艺。

进入21世纪以后，虽然智能化家居代表了某种生活趋势，但却在最大程度上抹杀了人的痕迹。与之相对应，《美好家园》对6万美国人的问卷调查表明，美国人心目中完美住宅的五大标准是：易于维护，风格独特；以厨房作为家的中心；室内外一体；随家庭需要灵活变化；买得起。因此，《美好家园》更加倡导舒适健康的生活。

通过以上简单的勾勒，我们可以看出，《美好家园》成功的最关键因素——与时代同步，关注读者所关注，并且具有前瞻性和指导性。因此，它的读者人数高达4000万，比包括《美家》《乡村生活》《建筑文摘》《玛莎·斯图尔特生活》《家居与花园》在内的所有竞争对手的读者人数加起来都要多。

二、《美好家园》如何经营品牌

近些年来，梅里迪斯公司的发展一路顺畅，年均增长率在15%以上。其中为公司盈利的最大功臣就是《美好家园》杂志。它巨大的品牌价值不仅为公司带来了巨大的发行和广告收入，而且为其品牌延伸产品的开发提供了极大可能。

1. 发行广告收入颇丰

2006年梅里迪斯公司收入中仍有80%来自其旗下的杂志，而《美好家园》一个杂志的发行和广告收入在全部杂志收入中就占到74%，还不包括其品牌经营的收入在内。因此，《美好家园》是梅里迪斯公司运营的坚强基石，占有不可替代的绝对地位。可以说，没有《美好家园》就没有梅里迪斯公司。

现在梅里迪斯引以为自豪的是，美国妇女杂志市场所谓的"六姊妹"（《美好家园》《妇女家庭杂志》《家庭圈》《妇女日》《好管家》《红书》）有一半已成其囊中之物。《美好家园》是这个市场中的佼佼者，2006年它的广告收入为7.77亿美元、广告页1957.34页、广告页价格39.69万美元/页、发行收入1.68亿美元，均位居首位。另外它的各种专刊的收入一年也有0.35亿美元。假如没有《美好家园》，被长期挤压的其他妇女杂志就会大大舒上一口气。

2. 品牌延伸产品开发回报可观

从20世纪90年代以来，品牌延伸已经成为美国杂志出版商除了发行、广告之外最重要、最有回报的经营手段，"品牌售卖"逐渐超越"杂志售卖""广告售卖"成为最高的杂志经营境界。梅里迪斯公司也深谙此道，《美好家园》的衍生产品为它带来了丰厚的收入来源。公司CEO斯蒂芬·M.莱西曾经无比自豪而略带夸张地说：在从《美好家园》杂志本身挣的每一个美元之外，公司还从带有其名字的商品上挣得了另一个美元。

自1930年出版《美好家园·新食谱》，《美好家园》就开始了杂志品牌延伸的实践和探索。到如今，其品牌延伸的形式包括专刊、子刊、国际版、图书、广播电视节目、网站、活动、软件、产品，等等，品种极其丰富。

（1）专刊。《美好家园》的专刊集中在家居设计、户外生活、家庭美食集锦、健康舒适等四大版块，已经有40多个主题160多种专刊。

（2）子刊。《乡村家园》《传统家园》两本子刊均由原先的《美好家园》专刊发展而来。2006年两者收入合计为3.46亿美元，占公司总收入的五分之一还多。

（3）杂志国际版。目前它在澳大利亚出版了英文版，2006年又开发了中文版，预计很快在印度出版第三个海外版本，海外拓展的步伐在加快。

（4）图书。截至目前已有200多种在版品牌图书。这些以《美好家园》为品牌而延伸的图书，在美国出版界非文学类畅销书的排行榜上曾经业绩不俗。1950年到1990年，40年中有28种次年度上榜。其中最值得一提的是《美好家园·新食谱》，现在修订了第12版，是美国历史上最畅销的精装书之一。

（5）广播电视节目。专门的《美好家园》电视频道每周五晚7点半开播，倡导的是"家居、家庭、生活"。

（6）网站。"美好家园杂志网站"提供给那些对热衷于家居和家庭的访问者广泛的信息，每月有500万个用户浏览6000万个网页。2007年4月，公司还开发了"美好视频网"，与网站捆绑使用。

（7）活动。有"年度家庭烹饪大赛""美好家园全国家庭改善竞赛"等。

（8）产品。《美好家园》与大厂家合作，提供带有其品牌标记的一系列产品：狩猎和钓鱼器具、涂料、户外设备和可换衬垫、园艺工具、水管盆口、水龙带、洒水器材、鸟笼，还有鳞茎和种子等农作物。此外还有大量的厨房用品，包括烤肉架、台布、盘子、勺子等，一应俱全，应有尽有。

从以上可以看出，《美好家园》现在不仅仅是一本杂志的名称，而是一个能够开发诸多延伸产品的品牌形象。经过多年的实践和探索，《美好家园》品牌不仅从杂志领域延伸到了非杂志领域，从出版领域到了非出版领域，更是从媒介领域到了非媒介的产品领域，将其品牌价值发挥到了极致，也使它对美国妇女家庭家居生活的服务达到了最高点。

参考文献

[1] 叶新.美国杂志的出版与经营[M].北京：中国传媒大学出版社，2007.

[2] http://www.bhgmag.com.cn/.

[3] http://www.meredith.com/.

（原载《科技与出版》2008年第1期）

梅里迪斯公司注重品牌经营

叶　新　江一常

虽然不为我国广大妇女所熟知，《美好家园》杂志在美国本土可是一个家喻户晓的强大品牌，它不仅发行量巨大，读者众多，而且品牌经营活动也可圈可点。近日，其内部人士撰文，为我们揭示了其中的奥秘。

早在1930年，梅里迪斯公司就开始了品牌延伸的最早尝试。《美好家园》杂志编撰了一本《食谱》，对其订户免费，现在它修订发行了第12版。在如今《美好家园》成功的延伸产品之中，有超过160种专刊（SIP），主要在报摊出售；《美好家园》杂志在澳大利亚、中国和印度都有了国际版本；超过150本有关书籍；一个主要的客户网站——BHG.com，一个联合性的电视节目。其特许产品包括家具、一个葡萄酒庄、纺织品和家居设计软件。作为梅里迪斯公司的旗舰杂志，《美好家园》及其延伸产品成为公司最庞大的产品阵容，为其带来了滚滚收入，并为其他杂志的品牌经营提供了有益的经验。

虽然品牌延伸已经是美国杂志的主要经营手段之一，但业内人士对其经营效果也是见仁见智。就最乐观的一面看，扩展一个杂志品牌确实能对收入增长和品牌增值做出贡献，自从1924年《美好家园》创建以来，它的成长就证明了这一点。就最坏的情况来看，它会"稀释"或破坏一个著名杂志品牌的价值。因此，品牌延伸必须谨慎从事。

依据《美好家园》的总裁安德鲁·萨伊兰的看法，品牌延伸必须以一种经过深思熟虑和精心设计的方式来进行。他说："尊重顾客对品牌名称的信仰和信任是很重要的。一个牌子意味着一份承诺，它是品牌和购买者之间关于可靠品质、价值和满意度的保证。最终，任何名副其实的品牌都会创造极大的信任。"

成功在于内在品质

萨伊兰认为，这些品牌延伸产品的成功是有多个原因的。他说："最重要的是，它们符合我们在过去80多年里如此努力工作而培育出的《美好家园》的内在品质。人们知道，当他们购买一件与《美好家园》品牌有关的产品时，他们能期待一定的质量水平和专业水准。"他补充说，当他考虑品牌延伸产品时，他要确保他的团队有绝对的质量控制权，以及拒绝任何不符合这个牌子要求的产品的谨慎态度。他举例说道："我们在20世纪90年代末做了一个《美好家园》的电视节目，结果因时机不成熟而失败。"

萨伊兰继续说："如今美好视频网（Better. TV）发挥更大的作用是因为市场在变化。人们渴求在线视频，这是我们开始在宽带频道和网站上提供视频的原因。一旦我们拥有了视频，我们也可以利用它来与电视台合作。"

品牌延伸越多越好

　　梅里迪斯公司也成功地扩展了其他品牌像《摩尔》（*More*）、《父母》（*Parents*）和《美国婴儿》（*American Baby*）。《摩尔》以年逾不惑的有活力的职业女性为目标，主办了一系列成功的品牌活动，如"摩尔马拉松""摩尔模特大搜索"和"与摩尔一起私奔"等。这个媒介品牌其他的延伸产品还包括摩尔网站、摩尔广播节目，以及与NBC电视台的"今日周末"节目的伙伴关系。

　　《父母》将其品牌扩展到了网络、手机、播客和宽带等数字产品、活动、宣传、子刊、研究报告和书籍。美国著名零售商塔吉特（Target）出售一系列带有《父母》品牌的玩具。《父母》电视节目每个月用5个多小时来介绍梅里迪斯生产的原创内容。其中它最受欢迎的节目是"胡椒谈话""是妈妈的"和"新妈妈俱乐部"。

　　《美国婴儿》也开发了若干阶段性的杂志，涵盖了从怀孕的早期到生下孩子的头一年的女性读者。它也出版了西班牙语的杂志、定制杂志和一些试刊或直销出版物。对于它来说，活动也很重要，最流行的有《美国婴儿》博览会和《美国婴儿》角色试镜。

时机是关键

　　萨伊兰强调，扩展一个品牌的最好时机是当那个品牌集群有一个共同明确的特点，以区分其他产品，并且这种扩展有益于核心品牌价值的巩固的时候。他还强调了避免和广告商发生直接冲突的重要性，要对核心品牌价值的"稀释"和侵蚀保持戒心，并且保持对核心顾客即读者的关注。

　　萨伊兰说道："如果你用一种井然有序的方式来进行品牌延伸，那么这会是一个非常有益的经历，这会给公司提供新的额外收入，扩大发行，增加品牌意识，以及更坚固的品牌忠诚度。"

这无疑为《美好家园》品牌巨大的成功和流行做出了贡献。接下来这个品牌还会有什么惊人之举，萨伊兰没有透露详情。但是他说过，广大顾客可以期待接下来的品牌扩展活动。

美国杂志出版商的
定制出版业务解析

——以梅里迪斯整合营销公司为例

尹　璐

引　言

定制出版（Custom publishing），也叫主办出版或者赞助出版（Sponsored publishing），是一种将企业的营销目的与目标受众的信息需求结合起来的出版形态，谋求的是企业组织和定制出版商的共赢局面。定制出版物包括定制杂志、时事通讯、电子简讯、电子杂志、小报、音视频、电子媒介等多种形式。其中，定制杂志是最重要的定制出版物，包括"公关杂志"（针对公司客户）和"企业内刊"（针对内部员工），以前者为主。它的类型很多，比如航机杂志就是其中著名的一种。

定制出版在美国等西方发达国家十分盛行，其种数和市场规模不亚于正规出版。2011年，美国定制杂志市场达到240亿美元。近20年来，美国大众杂志出版商，包括赫斯特公司（Hearst）、时代公司（Time Inc.）、梅里迪斯公司（Meredith）、桦谢-菲里帕契公司（Hachette Filipacchi）、罗德尔公司（Rodale）、广告周刊（*Ad Week*）等在内，意识到其中蕴藏的巨大商机，纷纷开展定制杂志出版业务。它们利用自己拥有的丰富的杂志出版经验，为众多的广告客户服务，帮助后者牢牢抓住其产品的消费者，使他们保持对公司的忠诚度。在为广告客户服务的过程中，杂志出版商不仅密切了与广告客户的关系，也为自己赢得了丰厚的经济收入（广告客户的宣传费投入以及杂志广告收入）。

本文希望在概述美国定制出版杂志市场的基础上，采取个案研究的态度，总结梅里迪斯、罗德尔、赫斯特三家著名杂志出版商特别是梅里迪斯的定制出版业务，解析大众杂志出版商从事定制杂志出版业务的目的、优势。并通过梅里迪斯和卡夫食品公司联合创办的《食品与家庭》（*Food & Family*）定制杂志个案进行剖析，以期对我国的杂志出版业和广告业有所启发。

一、美国定制出版市场概况和发展趋势分析

（一）美国定制出版市场概况

有鉴于美国定制出版市场的不断扩大，以及大众杂志出版商大规模进入该市场，1997年，美国杂志出版商协会（Magazine Publishers of America，MPA）设立了美国定制出版理事会（Custom Publishing Council，CPC）。成为会员的条件是：（1）每年有200万美元的相关

收入，或者至少总收入的一半来自定制出版业务；（2）能够负责保证或是至少提供以下服务中的四种：编辑、设计、广告销售、生产以及分销。

据CPC的统计，2000年美国定制市场达到129亿美元，到2006年就猛增到373亿美元，增幅为189%。虽然此后美国经济转入颓势，但到2010年，这一市场仍有240亿美元的份额。从总种数来看，2000年为9.7万种，而2010年为11.3万种，增幅为16.49%。从总发行量来看，2000年为119亿册，而2010年为350亿册，增幅为194.12%。2010年，美国广告商对消费类杂志市场的广告投放额为200亿美元左右。因此，这是一个与传统杂志市场不相上下、充满商机的市场。

（二）美国大众出版商定制出版业务分析

杂志出版商之间的竞争往往表现为对广告商和读者（消费者）的争夺。而杂志出版商介入定制出版业务，则是杀入一个新战场，他们的竞争者是广告代理机构、专门定制出版企业等，还有他们在传统杂志出版领域的老对手。

在美国从事定制出版乃至内容营销业务的公司当中，大众杂志出版商是其中重要的一分子。赫斯特公司、时代公司、梅里迪斯公司、桦谢-菲里帕契公司、罗德尔公司等大杂志出版商，纷纷建立和大力发展定制出版业务部门，开展相关业务，在定制出版和营销服务市场上疯狂淘金。一方面，由于它们的杂志主营业务增长乏力，急需提升经营层次；另一方面，广告客户对它们的要求除了杂志广告服务之外，希望提供更多的整合营销服务。这些专门公司的服务性质和范围的巨大变化，也反映在它们的名称上。比如时代公司的下属专门公司就改名为"时代内容解决方案公司"（Time Inc. Content Solutions）。以下以赫斯特整合传媒公司、罗德尔成长公司两个公司为例来说明之。

1.赫斯特整合传媒公司

赫斯特公司下属有专门的企业销售与营销部门——赫斯特整合传媒公司（Hearst Integrated Media），由赫斯特定制出版公司（Hearst Custom Publishing）改名而来。该公司控制着赫斯特母公司品牌独有的广泛资源，包括母公司传播媒体的庞大规模与巨大影响力，给消费者留下深刻印象的获奖内容以及母公司的战略顾问的创新与革命性想法。它将这些资源融汇在一起来为客户量身制订营销解决方案。一个包含媒体与营销渠道的完整系统提供了规模、效率、突破创新等有利因素，并能够在消费者读、看、买、听的地方与他们取得直接联系。所有的定制解决方案都是依据项目的目标来衡量实际效果的。

该公司为每个客户寻求机会的方法都可以分为如下3个步骤。

（1）品牌风暴（Brandstorming）：对所有客户品牌特点与目标进行充分分析，辅以相关的赫斯特资源，制订优异的定制战略方案。

（2）多次联系（Connect）：运用传统与非传统的传媒营销渠道，为客户带来更大的规模、更高的效率、更尖端的技术，并最大化地运用母公司品牌，以加强与受众之间的联系。

（3）表现卓越（Performance+）：确保项目的实际效果与计划相符，且项目中的创新是符合客户品牌的目标并是其所能够达到的。

赫斯特整合传媒公司的项目涉及多种产品且运用了大量不同的传播媒体和平台，除了传统的定制出版业务之外，还包括：多媒体、数据资料库、事件营销、专栏等。它的大客户有：林肯汽车（Lincoln）、迪奥化妆品（Dior beauty）、多芬化妆品（Dove）、英菲尼迪汽车（Infiniti）、设计者视界（Designer Vision），等等。

2.罗德尔成长公司

罗德尔成长公司（Rodale Grow），原名罗德尔定制出版公司

（Rodale Custom Publishing），2010年改名为罗德尔定制内容和营销公司（Rodale Custom Content & Marketing），2011年进一步改为今名。

该公司创作能够帮助客户联系其消费者的内容，这些内容具有如下特点。

（1）可靠性：指值得客户信赖的内容。因为这些信息从独一无二的罗德尔母公司的资源中获取。其中包括一个独特且强大的研究型图书馆以及最先进国家的专业技术与知识。这都将保证该公司提供的内容既亲切又可靠。

（2）个人化：指为个体化的读者服务。包括他们的目标、快乐、生活，真正切合读者生活方式的内容，当然切合读者理想中的生活。

（3）授权：指实用、鼓舞人心的内容。它们旨在让人们采取积极的行动，帮助客户改善他们的生活，以及他们周围的世界，哪怕是任何时间发生的一件小事。

（4）值得分享：那些能够如野火般迅速传播的内容，包括如何提高人际关系，建立社区和联系。

该公司提供的内容能够帮助品牌与其消费者结缘，通过多种渠道以及根据消费者需求、意愿和热情度指定的方案来帮助品牌达到他们的战略与营销目标。

该公司整合了母公司独有的资源并辅以在内容创作上的前卫思想，将杰出传媒公司所具备的优势与我们独有的营销技巧相结合。它在健康、积极生活等领域中处于领先地位，并且与食品、医药、体育和健身公司建立了有效的品牌伙伴关系。它的大客户主要有沃尔玛超市（Walmart）、卡夫食品公司（Kraft Foods）、窈窕曲线国际有限公司（Curves）、阿斯利康制药公司（Astra Zeneca）、帕纳拉面包坊（Panera Bread）、尼桑汽车（Nissan），等等。

（三）杂志出版商从事定制出版业务的特征分析

定制出版业务类似于传统出版，但是在服务对象、决策者、编辑理念、发行方式等方面却有着截然不同的业务特征。

1.客户在定制出版中起着主导作用

在传统杂志出版领域，出版商起着主导作用，按自己的意愿来决定编辑内容、选择广告客户和合作伙伴。作为杂志出版商的主营业务，杂志一般不会有设定的停刊日期，总是不定期连续出版。

杂志出版商定制出版的服务对象中，大部分是它的大广告客户，也有无广告联系的一般客户。在出版过程中，客户起着举足轻重的作用，他们有权决定定制出版项目的生死。如果客户的营销总监或者首席执行官易人，或者客户削减广告营销预算，转到新的营销方式，定制出版项目就会匆匆结束。

而在定制杂志的编辑出版过程中，客户也起着主导作用。比如梅里迪斯公司和戴姆勒-克莱斯勒公司合作出版了《吉普》（Jeep）。后者对该杂志的所有内容有着最终的发言权，包括文本、图片、版式和封面。梅里迪斯的编辑团队只能用一两周的时间来决定杂志的封面。而在梅里迪斯的传统杂志中，编辑往往要用几个月的时间来提前做决策。

由于杂志出版商只是被客户雇用来完成它的营销使命的，或者说定制出版项目只是公司客户外包给杂志出版商的，因此杂志出版商的名称是要被淡化的，而客户的名字是要被强化的。

2.定制出版讲究的是鼓吹式新闻学，广告和内容融为一体

传统杂志遵守编辑内容独立的原则，不允许广告客户干涉编辑内容，类似于我们所说的"政教分离"。而定制出版讲究的是鼓吹式新闻学，用编辑方式宣传营销公司或者机构、广告客户的正面形象和产品特征。因此，"政教分离"变成了"政教合一"。美国内容营销研究所所

长乔·普利兹对此评价说："我们作为出版商的工作就是传播最好的、最有用的、最精确的信息。只要我们坚持这么做，我们的编辑主旨就是透明清晰的。透明度是关键。"

在消费类杂志中，时尚杂志与定制杂志非常类似，通篇除了炫丽的广告版面之外，就是与之配套的大量软文。不过一本定制杂志只为一个公司或者机构服务，而时尚杂志的广告客户很多，软文也没有明显地指向某个客户及其产品。

3.定制出版有利于消费者对客户保持忠诚度

定制出版的新客户主要是那些想与当前客户或潜在客户进行一对一交流沟通的公司。这些公司的主要目的是：（1）维持当前客户；（2）获得新客户。杂志出版商可以帮助这些赞助者确定受众，进行目标促销并加强数据库建设，从而使得很小的受众群也能成为目标受众。在杂志出版商的帮助下，这些公司不仅会增加销售额和市场份额，还可以改变受众对公司的认识，创建品牌知名度，维护受众对公司及其产品的忠诚度。

4.定制出版是一种披着杂志外衣的营销工具

定制出版物的发行一般采取免费派发的方式，接受者是公司或者机构的产品消费者。受众因为购买了公司的某种产品或者服务，而免费得到定制出版物。这些定制出版物采取积极的角度呈现公司的产品和服务。

汽车公司最喜欢采用定制出版的方式。比如，2002年，梅里迪斯公司和戴姆勒-克莱斯勒公司签下了当年最大的定制出版项目之一，前者为后者的道奇（Dodge）、吉普和克莱斯勒三个汽车品牌做三种定制杂志。每次有600万份杂志会直接发到克莱斯勒公司汽车用户的邮箱。

由于出自传统杂志的编辑之手，《吉普》杂志做起来更加像正规的杂志，而不是直白的吉普汽车宣传品。它也不属于汽车杂志类型，而完全是一本旅游和生活方式杂志，使得广大读者（通常是吉普汽车车主）享受开车出行及其之外的旅行体验。其文章内容精彩纷呈，主题从建筑学院到摇滚音乐，应有尽有。

梅里迪斯杂志出版公司总裁斯蒂夫·莱西（Steve Lacy）对此做出评价说："这些杂志是直销工具，但不止于此。它们也倾向于看起来和感觉上像一本真正的杂志。"比如，《吉普》的封面故事是探索夏威夷群岛中的考艾岛，只是徒步旅行，连吉普汽车的一点影子都没有。这种做法得到了戴姆勒-克莱斯勒公司的充分肯定。该公司掌管客户关系维护的副总裁杰夫·贝尔赞扬说："《吉普》杂志看起来几乎和《户外》（Outside）杂志一模一样。"

5. 定制出版业务能为杂志出版商带来新的收入来源

传统杂志经营主要有"发行驱动型"（Distribution-driven）和"广告驱动型"（Advertising-driven）两种经营模式。而定制出版是一种新的经营模式，采取的是免费发行方式，基本上没有广告版面。它的收入不是来自发行，也不是来自广告，而是来自于公司或者机构的赞助经费。

杂志出版商之间的竞争往往表现为对广告商和读者（消费者）的争夺。而杂志出版商介入定制出版业务，则是杀入一个新战场，他们的竞争者是广告代理机构、专门定制出版企业，还有他们在传统杂志出版领域的老对手。他们开辟新业务的目的就是攫取更多的收入来源。

在梅里迪斯公司和戴姆勒-克莱斯勒公司合作的定制出版项目中，梅里迪斯公司的回报是：杂志的创办费用在戴姆勒-克莱斯勒公司的营销预算中报销，而不用削减它的广告收入。该公司掌管客户关系维护的副总裁杰夫·贝尔说："这并不是拆东墙补西墙。我们用营销预算来支持这个项目，但是不影响我们继续在梅里迪斯的杂志上投放广告。"

6. 定制出版提升了杂志出版商的经营水平

传统消费类杂志是B2C经营模式，在为消费者提供内容的同时，为广告客户提供广告版面。而定制出版是B2B经营模式，在提供广告服务的基础上，为广告客户提供额外服务，介入了后者的客户关系维护（CRM）。也可以说，杂志出版商向广告客户出售的是杂志出版经验。

这就意味着，定制出版提升了美国杂志出版商的经营水平，从"三次售卖"提升到了"四次售卖"的层次，向范围经济更进了一步。

表1　杂志经营的"四次售卖"

	售卖内容	售卖对象
第一次售卖	杂志内容	大众消费者
第二次售卖	广告版面	广告客户
第三次售卖	杂志品牌	衍生产品生产商、销售商
第四次售卖	杂志出版经验	机构客户

（四）美国定制出版市场发展趋势分析

原来，定制出版物（Custom Publication）主要包括定制杂志（Custom magazine）、时事通讯、电子简讯、电子杂志、小报等多种媒体形式，为各种公司、非营利组织、协会、大学和学院生产，或通过邮件发送，或邮寄到家，或在办公室、会场派发。随着新媒体技术的迅猛发展，广告商对定制出版商的营销服务要求不断提高，定制出版已经发展到了内容营销阶段，媒体传播形式也扩展到了白皮书、品牌视频、播客、网站更新、虚拟活动、手机内容、聚合内容源等。因此，2010年，美国定制出版理事会（CPC）改名为"美国定制内容理事会"（Custom Content Council，CCC）。

该理事会总干事洛丽·罗森（Lori Rosen）在声明中说："'出版'（Publishing）一词中的'P'听起来已经落伍了。而以'C'打头的'内容'（Content）一词更加精确地反映了客户培育、联系、促销和吸引新消费者的目的。"

由于内容营销包含了印刷媒体、电子媒体和其他媒体形式，进入了全媒体营销范畴，美国内容营销市场到2010年达到了401亿美元。除了印刷媒体的240亿美元之外，电子媒体有125亿美元，其他媒体形式36亿美元。

最后要着重强调的是，虽然美国的定制出版已经发展到了内容营销阶段，介入其中的美国大众出版商的角色和功能也发生了很大改变，但是以定制杂志为主的定制出版仍是营销服务的核心。从"大编辑、大出版"的理念看来，这就是全媒体的B2B出版模式。

二、美国杂志出版商的定制出版业务分析

在从事定制出版乃至内容营销的诸多杂志出版商中，梅里迪斯公司无疑是其中的佼佼者。梅里迪斯整合营销公司（Meredith Integrated Marketing，MIM）不仅在梅里迪斯国家媒体集团收入中占到约20%的份额，而且获得了包括"珍珠奖"（Pearl Award）在内的多个传媒大奖。

（一）梅里迪斯公司概况

梅里迪斯公司拥有110多年的辉煌历程，是一家业内领先的为美国女性服务的媒体与营销公司。它旗下分为两大版块：国家媒体集团（National Media Group）、地方媒体集团（Local Media Group）。国家媒体集团主要以杂志经营为主，拥有许多著名的杂志，包括旗舰杂志《美好家园》（*Better Homes and Gardens*）、《父母》（*Parents*）、《家庭圈》（*Family Circle*）、《妇女家庭杂志》（*Ladies' Home Journal*）、《体线》（*Fitness*）、《摩尔》（*More*）、《饮食健康》（*Eating Well*）、《美国婴儿》（*American Baby*），等等。地方媒体集团主要以本土电视媒体经营为主，拥有12家地方电视台。在2011财年

（2010.7.1—2011.6.30），它的总收入为14亿美元，其中国家媒体集团占77%，地方媒体集团占23%。利润为2.25亿美元，收益率为16.07%。

作为产业的领先者，梅里迪斯公司满足消费者在各个关键区域内的兴趣，例如住宅、家庭、健康、康复和自我发展。它致力于为女性创造丰富多样的生活而提供信息和灵感，在美国1亿女性的生活中扮演着重要的角色。

梅里迪斯还运用多元化的分销平台（包括印刷出版、电视、网络、移动通信、平板电脑和视频媒体）来满足广大消费者的需求，并向它的广告与营销伙伴传递信息。广告智商报告（AIR）的调查结果显示，在全美1500多家代理和营销专业机构中，该公司被誉为"得分最高的传媒公司"。2011财年，它被《广告时代》（Advertising Age）杂志评选为最优秀的营销公司。

（二）定制出版业务简介

1. 基本情况

梅里迪斯公司的定制出版业务开始于1969年。在很长一段时间内，梅里迪斯整合营销公司都是这块业务的专门经营机构，从最初的定制杂志出版业务扩展到整合营销传播领域。以家庭家居杂志出版起家的它，在为客户服务的过程中创建了独特的"出版/代理"模式，不仅向客户提供定制化的内容，而且为它们组建关系营销平台。

进入21世纪以来，随着信息技术和网络技术的发展，MIM不仅要和传统出版商、定制出版商、广告代理商竞争，而且还要和基于数字传播技术的网页研发机构、内容策略营销机构抢夺市场。公司客户也"弃纸上网"，数字营销传播的要求不断增加。因而，梅里迪斯整合营销公司的服务性质和主要定位也发生了变化。

2011年10月，梅里迪斯宣布用"梅里迪斯智能营销公司"

（Meredith Xcelerated Marketing，MXM）代替原先的公司名称。升级后的公司定位显示出MXM完全有能力运用数据驱动的战略性过程来创造内容制胜的高速营销项目，以便通过多种渠道显著地建立消费者的价值和忠诚度。

近五年来，MXM通过收购众多关键领域内的领先机构大大提高了自身的营销能力，其中包括移动通信方面的宣传工场（The Hyperfactory）、数字媒体方面的吉尼克斯（Genex）、社交媒体方面的新媒体策略公司（New Media Strategies）、数据分析方面的指令公司（Directive）和医疗保健方面的比格传播公司（BIG Communication）。十年之前，它只有75名员工，现在则拥有700多名员工，并为包括卡夫、劳氏和克莱斯勒在内的50多个著名品牌服务。由于该公司的良好运作，无论是社会效益还是经济效益都有了优异的表现。以下是MXM的主要客户及其对应的定制出版项目情况。

表2　梅里迪斯智能营销公司的主要定制出版项目概况

客户	定制出版项目
卡夫食品（Kraft）	食品与家庭（*Food & Family*）
直播卫视（DIRECTV）	通路（*ACCESS*）
信安财团（The Principal Financial Group）	未雨绸缪（*Plan Ahead. Get Ahead.*）
国家农场（State Farm）	好邻居（*Good Neighbor*）
劳氏（Lowe's）	创意（*Creative Ideas*）
克莱斯勒（Chrysler）	道奇（*Dodge*）
大都市人寿（MetLife）	你的生活（*MetLife Your Life*）
铃木汽车（Suzuki）	铃木汽车生活（*S-Life*）
安泰人寿（Aetna）	健康生活（*Healthful*）
大众超级市场（Publix）	1. 葡萄（*Grape*） 2. 绿色生活（*Greenwise*） 3. 家庭格调（*Family Style*）
生物卫士（Bioguard）	后院装饰（*Backyard Essentials*）

图1　卡夫的《食品与家庭》杂志

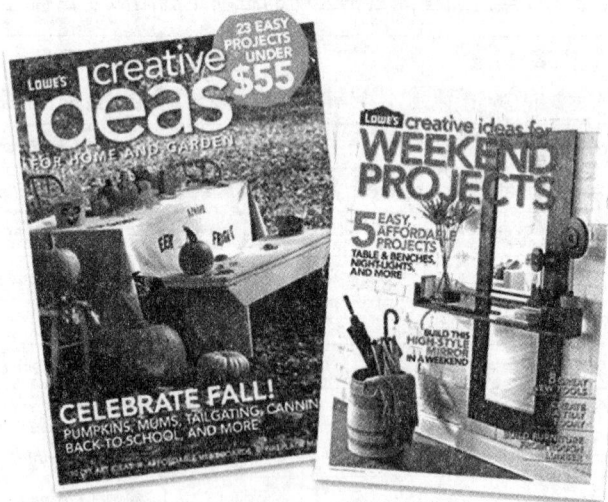

图2　劳氏《创意》杂志

2. 收入表现

梅里迪斯国家媒体集团的业务收入主要分为三块：广告收入、发行收入和其他收入。其他收入主要来自杂志品牌授权、整合营销、图书出版、互动媒体项目等。整合营销版块均有不错的表现。比如2004年有0.6亿美元，占公司总收入的5.16%；2006年0.8亿美元，占总数的5.12%。近五年来的收入如表3所示。

表3 2007—2011年梅里迪斯国家媒体集团收入一览表（单位：百万美元）

年份	广告收入	发行收入	其他收入	总计
2007	616.5	322.6	292.8	1231.9
2008	620.2	300.6	313.0	1233.8
2009	530.2	280.8	323.3	1134.3
2010	524.7	279.6	296.2	1100.5
2011	501.3	261.5	315.4	1078.2
合计	2792.9	1445.1	1540.7	5778.7

从表3可以看出，总收入、广告收入、发行收入都呈现逐年下降的趋势，2011年比2007年分别下降了12.48%、18.69%、18.94%。而其他收入则呈总体上升趋势，2011年比2007年增长了7.72%

2007年，这三块收入的比重分别为：50.04%、26.19%、23.77%；到2011年，这一比例调整为：46.49%、24.25%、29.25%。在广告收入、发行收入分别少了3.55个、1.94个百分点的同时，其他收入则上升了5.48个百分点。

近年来，在其他收入板块中，来自整合营销项目的收入无疑是最大的亮点。2008年1.56亿美元，占总数的9.83%，这主要是因为2007年夏天梅里迪斯公司对《食品与家庭》定制出版项目的收购。2009财年，MIM的收入又比上年增加了12%。2010财年，它的收入降了7%，主要是因为2008年西方金融危机后糟糕的定制出版环境。但是后半年得益于强劲的新商业项目，其收入上升了5%。亮点有二：一是为卡夫食品公司开发的名为"大叉和小叉"（*Big Fork，Little Fork*）的iPad新应用程序；二是与克莱斯勒汽车公司关系的显著进展。新媒体项目的良好表现抵消了传统定制杂志出版业务带来的颓势。在过去四年中，MIM的收入增加了一倍。2011财年，MIM的收入增加了10%，主要是因为它对美国大客户的数字营销服务和客户关系管理服务的拓展。

3. 获奖

"珍珠奖"是美国定制内容理事会最著名的奖项。从2004年创办以来，已经评选了8届。梅里迪斯整合营销公司每届均有相当不错的表现，尤其是2009年、2010年各获得10个、11个奖项。

图3　珍珠奖的标识

在8年中，它总共获得49个奖项，其中金奖12个，银奖22个，铜奖15个。获奖最多的杂志是该公司为直播卫视（DIRECTV）做的《通路》（*ACCESS*），获得15个奖项；其次是大众超级市场公司（Publix）的《葡萄》（*Grape*），获得5个奖项。

三、定制出版个案分析——以《食品与家庭》项目为例

《食品与家庭》出版项目是梅里迪斯和卡夫两家公司合作的成功典范，合作了十年之久。该项目从单一的纸质杂志起步，最终做成了一个包含杂志的纸质版和数字版在内、充满互动体验、受众黏性高的以数字传播平台呈现的全媒体定制出版项目，无论在杂志出版界还是营销服务界，都树立了良好的标杆。

（一）卡夫食品公司简介

卡夫食品（纽约证交所代码：KFT）是全球零食领域的强大集团，总部位于美国的诺斯菲尔德，拥有深受消费者拥戴的品牌组合。卡夫食品向全球约170个国家的消费者提供美味的饼干、糖果、饮料、乳酪、零食和方便食品。2010年公司年收入高达492亿美元，其中超过一半的收入来自北美以外地区。卡夫食品拥有11个年销售额超过10亿美元的标志性品牌，包括：吉百利、雅可布、卡夫、LU饼干、麦斯威尔咖啡、妙卡巧克力、纳贝斯克、奥利奥、奥斯卡美肉类食品、菲力乳酪和三叉戟口香糖。此外，公司旗下40多个品牌都拥有上百年的历史。

（二）梅里迪斯与卡夫的合作过程

梅里迪斯作为一个家庭家居类出版商，卡夫食品公司始终是它的广告大客户。两者之间是强强联合，相互借力。从21世纪以来，它们的关系不再像卡夫在梅里迪斯的杂志上登广告那么简单，也不仅仅是做一本纸质的定制杂志，而是进入了更为多元的合作领域。

梅里迪斯公司为卡夫提供的市场整合营销战略非常详细。其中包含有：出版发行《食品与家庭》季刊及其数字版；维护卡夫食谱网站（www.kraftrecipes.com）；发送每周电子邮件，提供食谱素材，在Facebook、Twitter上进行推广等。梅里迪斯为还专门为卡夫公司开发了

iPad应用程序、电子食谱等。

值得一提的是，梅里迪斯还开发了一个由喜剧演员安妮塔·伦夫罗（Anita Renfroe）主持的在线娱乐节目"请大声笑"（*You Gotta LOL*），大受观众好评。在这个节目中，安妮塔将卡夫的产品运用到实际生活中。卡夫公司总是试图用最幽默的方式为它的消费者提供最有用的信息。节目的最后，卡夫公司还邀请消费者登录它的官方网站，去那里了解到更多、更有价值的食品信息。该项目获得2011年度珍珠奖数字类中的"最佳视频奖"（Best Video）。

梅里迪斯公司和卡夫公司整合市场的另一个新尝试就是开发名为"大叉与小叉"（*Big Fork*，*Little Fork*）的iPad应用程序。这是一款适合6—12岁孩子使用的游戏。在游戏当中，父母们可以借助叉子让孩子边娱乐边学习。卡夫也因此获得了《广告时代》颁发的"先锋大奖"（Vanguard Award），还有2010年度珍珠奖数字类中的"最佳移动终端应用奖"（Best Mobile Application）。

借助于明星产品《食品与家庭》杂志、"大叉与小叉"iPad应用程序和安妮塔的喜剧秀等，梅里迪斯公司和卡夫公司成了它们行业中营销创新的佼佼者。而梅里迪斯从《食品与家庭》定制杂志出发，秉承全媒体出版和全方位品牌营销服务的理念，为卡夫公司提供了极其有效而且富有创新性的营销服务解决方案。

（三）《食品与家庭》全媒体出版项目发展历程

这是一个以纸质版杂志为核心的全媒体出版项目，经历了定制杂志出版、公开发行、全媒体出版运作三个阶段。以下分为四个时期进行分析。

1.筹办阶段

在这个世纪之交，年收入170亿美元的卡夫公司拿出5000万美元作品牌营销之用，其中最重要的项目就是《食品与家庭》杂志的出版。梅里迪斯公司负责该杂志的内容研发。封面照片是一对母女，而不是卡夫的某个食品品牌。封面上会出现一段广告语："内附有价礼券。"杂志内页放有果珍Tang等诸多品牌的折价券。正文包括《家庭圆桌》（Family Roundtable）、《妈妈智慧》（Wisdom of Moms）、《无食谱烹饪》（Cooking Without Recipes）、《孩子在厨房》（Kids in the Kitchen）四个栏目。负责发行的新闻公司美国分公司的发行能力极强，一天之内可以将杂志发到6000万个家庭。

该杂志的创刊号预计于2000年2月推出，每月发行。这本来是一个强强联合的出版项目，但最后不知何故，胎死腹中。这一项目最终由红杉定制传播公司（Redwood Custom Communications）接手。

2. 红杉公司经营阶段（2002年4月—2007年7月）

红杉定制传播公司创办于1999年，总部设在加拿大的多伦多，是加拿大最大的定制出版商。它的客户包括卡夫北美公司、英国航空公司、CAA经纪公司、世博会设计中心、家得宝、斯科兹公司、加拿大皇家银行、西尔斯超市加拿大公司等。它推出的定制杂志曾获得包括珍珠奖在内的多项大奖。

红杉公司原本帮助卡夫加拿大公司出版发行《烹饪》（*What's Cooking*）。2001年11月，红杉和卡夫公司签订合作协议，在美国推出《烹饪》的美国版——《食品与家庭》，在当年发行了三期，发行区域是北美地区。

该杂志免费发行1200万份。其中加拿大英语地区发行的杂志名为《烹饪》，有350万的读者群，法语地区发行的杂志名为《*Qu'est-ce qui mijote*》；在美国地区发行的英语版是《食品与家庭》；西班牙语版是《*Comiday Famili*》。

在美国地区，针对不同的客户群，它开发了针对有孩子家庭、无孩子家庭、西班牙裔家庭、非裔美国人家庭四个版本。由于杂志的制作精良，发行范围广泛，因此收到了良好的回报率：杂志中的优惠券的兑换率为4%—5%，而相关邮件的打开率在40%—50%。而顾客购买卡夫食品的数量也增长了5%—13%。

卡夫也乘势把该杂志推向了海外，在2006年推出了德国版和巴西版。

由于红杉公司对该项目的成功运作，它成为卡夫客户关系管理（CRM）工作的基石，是北美定制出版领域最大的项目之一。2004年6月，它被卡夫命名为"2003年度优秀供应商"（2003 Award for Supplier Excellence）。

3. 梅里迪斯经营阶段（2007年8月至今）

2007年7月，梅里迪斯成为卡夫公司的战略营销合作伙伴，终于从红杉公司手中重新接手了该项目。它在完善该杂志的基础上，将该杂志公开发行，并走上了全媒体经营的道路。

（1）《食品与家庭》杂志的公开发行

在此之前，卡夫公司每个季度都会给650万家庭免费赠送该公司的食品杂志。2009年末，在梅里迪斯公司的帮助下，卡夫冒险将原有的免费杂志改为付费杂志。令人欣喜的是，居然有超过100万的用户愿意每年花费13.98美元订阅该公司的杂志《食品与家庭》（*Food and Family*）。

2009年底公开发行后，其平均期发量在254466册，到2010年猛增到1094369册，增幅为330.1%；到2011年，期发量为1066905册，比上年减少2.51%。表4是该杂志的发行收入情况。

表4　2009—2011年《食品与家庭》发行收入统计（单位：美元）

年份	订阅收入	零售收入	总收入
2009	3557435.00	0.00	3557435.00
2010	15191450.88	184791.50	15376242.38
2011	14915331.90	521130.00	15436461.90

到2011年，该杂志的总收入为1543.65万美元，与上年基本持平。主要以订阅为主，零售只是极少数。这也是梅里迪斯一贯的杂志发行策略。

图4　"卡夫食谱"网站的《食品与家庭》的杂志征订广告

"卡夫食谱"网站刊登的《食品与家庭》杂志征订广告宣称：把《食品与家庭》杂志送到你的家门口。如果读者花13.98美元订阅该杂志一年，就可以免费得到《最受喜爱家庭常用食谱》（*Best Loved Family Favorites Cookbook*）一本。如果订阅两年，读者只需花费18.98美元，就可以得到精美礼品一份。《食品与家庭》杂志还与期发760万份的《美好家园》杂志捆绑营销。在上述两种方式的基础上再加5美元，就可以得到12期的《美好家园》杂志。《食品与家庭》有上百万的期发量，和梅里迪斯强大的促销策略和发行网络不无关系。

（2）走向全媒体出版

与此同时，该定制出版项目走向全媒体出版的范畴，不仅推出纸质版和数字版，开发了视频和电视节目，而且把内容推向了移动终端，建立了名为"卡夫食谱"（http://www.kraftrecipes.com/）的官方网站。

　　该网站的版式看起来非常像实体杂志。网站主页的顶端设有根据不同食品需求分类的版块链接，例如娱乐、健康、儿童等。网站的页面上同样配有大量不同菜式的精美图片。与纸质版不同的是，网站将更强调与读者的交互性。每一道菜品前都设有小方块，读者可以在自己喜欢的菜品前的小方块打钩选中，将其放入自己的"食谱箱"中，便于下次制作时查找。

　　此外，杂志在其官方网站上还提供数字版的免费下载。

　　虽然该网站由卡夫公司所有，但还是能看到梅里迪斯公司的些许影子。比如在"刊登广告"版块中，出现这样的字样：所有的网站广告事宜问询请联系：Leah Rolef Weinberg - National Sales Manager，Meredith Corporation。邮件地址是：Leah.RolefWeinberg@Meredith.com，电话是：212-499-1711。

　　总体而言，《食品与家庭》从免费派发到付费发行，省下了巨额的营销成本，获得了可观的发行收入。这种经营思路是和梅里迪斯的全媒体出版策略密切相关的。因为卡夫食谱已经能够代替原先的免费派发方式，将卡夫食品的正面、实用信息很好地传达给它的消费者。

（四）《食品与家庭》项目分析

1.刊期和版本

　　从2002年截至目前，《食品与家庭》总共发行了47期。创办的当年，它只发行了三期：夏季号、秋季号、假期（圣诞节长假）号。自2003年加上冬季号和春季号，在其后的五年中，一直每年发行5期。2007年7月梅里迪斯接手后，从2009年起，改为4期，取消了冬季号，看起来像一本典型的季刊。

　　《食品与家庭》主要针对25岁至49岁并有小孩子的母亲。根据卡夫食品消费者的偏好和地域的不同，卡夫杂志以七种不同的版本向读者提供，并且与卡夫品牌内涵相符合，加上卡夫"厨房"中的饮食专家的人性化介绍，《食品与家庭》使得卡夫食品与消费者之间形成了双向对话。整本杂志的设计围绕着一个基础，即培养与顾客之间一对一的关系，最终增长产品的消费额度和市场占有率。

2. 基本内容

因为拿不到《食品与家庭》的纸质版，这里只能用它的网络版进行文本分析。

《食品与家庭》的内容主要包括与食品相关的文章和食谱，分为烹饪窍门、烹饪菜单（指较丰盛菜肴的烹饪，适合宴请与聚会时制作）、快速烹饪（指简单菜的烹饪，适合时间紧迫的人）三个版块。根据季节时令的不同，《食品与家庭》也将贴心地在不同版块推出适合当季烹饪的菜谱，以满足其客户群体的需求。下面

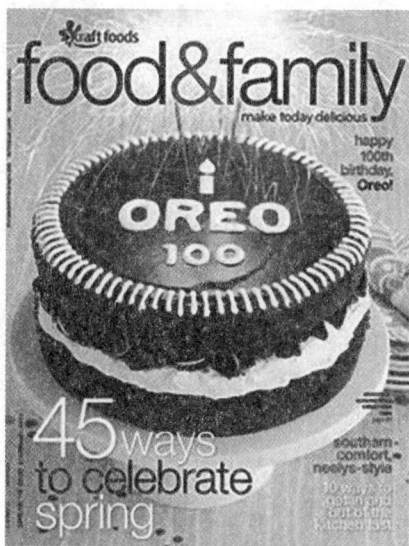

图5　《食品与家庭》2012年春季号封面

以《食品与家庭》2012年春季号、夏季号两刊为例，进行简要分析。

《食品与家庭》2012年春季号的封面以一个大大的巧克力夹心蛋糕作为主体。此蛋糕的外形是奥利奥（Oreo）饼干的形状，并在蛋糕的最上一层用白色的奶油清晰地做出"Oreo"的字样。这个巧妙的应用，既使得其旗下产品奥利奥的Logo露出，同时又很好地契合本季的主打甜品，两者相得益彰，丝毫不会使读者产生厌恶之感。

由于春季正值春暖花开，家庭聚会郊游频繁的好时节，《食品与家庭》2012年春季刊为此在各版块都相应推出了各类适合野外出游、家庭朋

友聚会的烹饪食谱。例如，在"甜品"版块中推出了一系列造型娇小可爱、简单易携的饭后小甜品。它们大多外形较小，色彩缤纷，每个甜品还有独立小包装，制作简单，又易于携带和分发，是绝对的家庭出行必备小食品。与之不同的是，为了应和夏季酷热干燥的天气，在《食品与家庭》2012年夏季刊的"甜品"版块中，推出的则是一系列夏日酷爽冷饮，其中有清爽又健康的自制水果冰棒、巧克力榛果草莓冰激凌、杧果西米露等，无一不让读者看后垂涎欲滴，有立即尝试亲手制作之冲动。

与此同时，《食品与家庭》针对每一款菜肴附有相应的精美成品图片。点开一道菜品，读者可以看到这道菜品所需的食材、制作的步骤，以及一些相关友情提示，比如多少人适合做多大量，什么时候适合食用此道菜品，制作它需要特别注意哪些地方等，非常详尽。此外，还配有此道菜品的各项营养价值数据，将卡路里、脂肪含量、钙、碳水化合物、糖分、维生素等一一列

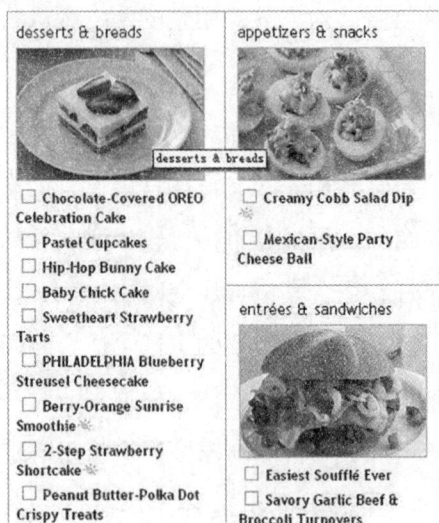

图6 "甜品"版块

出。在菜品图片的旁边可以看到制作这道菜的准备工序时长以及整个菜品制作完成所需时长。在页面的下端还可看到其他读者对此道菜品的制作工序繁简以及口味如何等作出的评价。在页面的右端，《食品与家庭》还贴心地推出了"你可能还会喜欢"的版块，方便读者更快地了解适合自己口味的其他菜品。当然，不可缺少的还有读者对此道菜品的综合评价等级，共五星。

每版《食品与家庭》纸刊还会随刊附赠卡夫食品的优惠券。在每期

杂志的中间几页都会有一个集中的优惠券版块，除此之外还会有少量优惠券散布在整本杂志里。

3.总结

《食品与家庭》是一本全心关注于食品的杂志。每一期杂志的版面有60页到70页，包含20篇到25篇短文。文章涉及面很广，从食谱到娱乐再到节省预算等，鲜有偏离食品相关的内容。大量文章以食谱为主，适合各个季节并辅以丰富诱人的图片。即使没有谈及食谱的文章，也仍然是与食品有关的，例如食品娱乐、食品预算/购买、快餐、卡夫的新产品等。

为了更好地与卡夫品牌的内涵保持一致，并对其进行宣传，《食品与家庭》中的多数广告及食谱都是与卡夫公司相关的。在最新一期杂志的几个食谱中我就读到了"1/3杯卡夫原味烧烤酱""1杯冷凝奶油（卡夫产品）搅拌均匀"以及"1/4杯卡夫牧场调料"这样的需求。当然了，读者可以选择其他的替代品，也没有人强迫读者必须使用卡夫的产品。

《食品与家庭》有一些非常好的食谱，且大多数食谱都配有成品的图片供读者参考。即便对于那些不擅长做饭的读者来说，这些食谱也非常实用且简单易行。例如，在"快速烹饪"这个版块可以找到5分钟烹饪美食的方法和实例。当然，并不是这个版块所有的食谱准备起来都十分快速，但是其中一些食谱确实很易于上手且节省时间。食谱涉及的种类也很多，从三明治到饮料再到甜点等应有尽有。

《食品与家庭》还特别地认识到了营养对多数读者的重要性，因此在杂志中设有一个食谱索引，上面提供了各种食材所包含的营养价值。这个页面还可以拓展到如维生素、矿物质及其他必要的微量元素（这些元素并不是所有的食谱都会涉及）。这个索引非常实用，且比其他杂志提供的少量营养信息要好得多。

《食品与家庭》从出版以来就非常畅销，在美国销售200万册、加拿大销售100万册，卡夫食品也继续对杂志进行追加投资。从2000年首刊发行至今，在美国已有2亿个家庭阅读卡夫杂志，在加拿大也有1亿家庭的阅读量。

最近一项研究表明，杂志对卡夫食品的品牌营销起了极佳的推动作用。大大地增加了卡夫食品的销售额，提高了顾客的询问率；近一半的读者反馈说他们至少尝试了一种卡夫特色食谱，并在制作中使用卡夫产品作为原料；读者普遍喜欢杂志上诱人的食物图片，刺激了他们对食物的需求和使用。

总之，《食品与家庭》是一本优秀杂志，它提供了大量的食谱和烹饪诀窍，并为读者免费订阅发放，获得了很高的评价。

结　论

到20世纪90年代初，美国大部分杂志出版商就自觉地进入了第三次售卖（品牌售卖）阶段，品牌授权经营、衍生实体产品开发方兴未艾，而以"经验售卖"为主的定制出版业务也蓬勃兴起。进入21世纪以来，随着数字传播技术的发展、杂志出版商B2B出版能力的提升、客户营销服务的强劲需求，包括赫斯特、梅里迪斯、罗德尔、时代公司在内的美国大杂志出版商也从杂志出版业务拓展到了整合营销服务领域，把自己打造成了传媒经营和营销服务公司。

与美国相比，我国的杂志出版业不仅规模较小，而且大部分还处于比较低级的经营水平。大部分杂志社还处于从"一次售卖（卖杂志）"到"两次售卖（卖广告版面）"的转型阶段，对品牌售卖还是浅尝辄止，更谈不上开展定制出版业务，乃至为广告客户提供精准的整合营销服务了。

本文在探讨美国大杂志出版商开展定制出版业务（包括内容定制业

务）的基础上，对梅里迪斯公司及其旗下的《食品与家庭》项目进行了较为独到、深入的分析。在我国出版传媒业转企改制的大背景下，笔者希望这些研究结果能够推动我国杂志社大胆改革，转变经营思路，提升经营层次，打造数字时代的新型期刊产业价值链，为我国传媒业做大做强贡献一份力量。

参考文献

[1] 庞远燕, 叶新.美国定制出版模式解析[J].中国出版, 2007（10）.

[2] 祝愿.美国出版商定制杂志分析[J].出版参考, 2008（1）.

[3] 徐汉斯.英国客户出版研究[J].出版科学, 2010（1）.

[4] 吕睿.定制出版在我国的发展前景探析[J].经济管理者, 2010（21）.

[5] 翁亚欣.定制出版在我国的发展[J].出版参考, 2011（1）.

[6] http://meredithxceleratedmarketing.com/.

[7] http://www.rodaleccm.com/.

[8] http://hearstintegratedmedia.com/custsol.htm.

[9] http://www.customcontentcouncil.com/.

[10] http://www.kraftrecipes.com/.

[11] 叶新.美国杂志的出版与经营[M].北京: 中国传媒大学出版社, 2007.

[12] [美]科巴克, J.B..创刊指南[M].石家庄: 河北教育出版社, 2005.

[13] 国际期刊联盟, 李鹏译.2011世界期刊创新报告[R], 2011.

[14] Publishers Find a Magazine Niche.http://www.customcontentcouncil.com/news/publishers-find-magazine-niche.

[15] Matt Kinsman.Below The Line: The Shift to Marketing Services.http://www.foliomag.com/2010/below-line-shift-marketing-services.09/08/2010.

梅里迪斯集团发布2016财年业绩报告

庞远燕

2016年7月28日，梅里迪斯集团发布了其在2016财年（2015年7月1日至2016年6月30日）的业绩报告。

2016财年，梅里迪斯继续积极执行一系列明确的战略举措，促进收入、经营利润和自由现金流增长，不断提高股东的利益。报告中披露，梅里迪斯集团在2016财年的收入同比增长3%，达到16.5亿美元（见表1），创下历史新高。其中，广告收入增长2%，达到9.14亿美元；发行收入增长5%，达到3.29亿美元；其他收入增长6%，达到4.07亿美元。

表1　梅里迪斯集团2015—2016财年收入情况（单位：万美元）

项目	2015 财年	2016 财年
广告收入	89654.8	91420.2

项目	2015 财年	2016 财年
发行收入	31368.5	32859.9
其他收入	38394.3	40682.7
合计	159417.6	164962.8

2016财年，不含特殊项目（遣散费、相关的收益成本等）的每股收益为3.30美元，在上一个财年预期值的高位，而摊薄每股收益（净利润扣除非经常损益后得到的每股收益）为0.75美元。梅里迪斯集团已连续69年派发股息，并连续23年保持增长。正在进行的股票回购项目，仅剩0.84亿元在授权下。

已有110多年历史的梅里迪斯集团以其庞大的女性受众而闻名，2016财年，其女性受众规模达到1.02亿，创下历史最高水平。

2016财年，虽然行业对印刷媒介收入充满焦虑，但根据2016年春季捷孚凯市场研究集团的GfK MRI报告，梅里迪斯集团的杂志读者仍达到1.27亿。

2016财年，梅里迪斯集团旗下的国家媒体集团和地方媒体集团两大业务集团表现出色，亮点频现。

一、国家媒体集团的业绩

聚焦于消费者兴趣的重要领域，如食品、家居、亲子时光、健康，梅里迪斯集团一直在跨媒体平台传播、覆盖不同生活阶段进行内容创造方面，扮演着引领者的角色。梅里迪斯集团通过有机增长与战略收购不断扩展着国家媒体集团的版图。

国家媒体集团的主要业务是杂志和图书出版、整合营销、互动媒体、品牌授权等。服务于1.02亿的美国女性受众，其中约有75%是千禧一代女性，同比增长9%。

2016财年，国家媒体集团的收入同比增长4%，达到11.0亿美元（见表2）。不含特殊项目，国家媒体集团的经营利润增长10%，从上一财年的1.37亿美元增长到1.50亿美元。

表2　国家媒体集团2015—2016财年收入情况（单位：千美元）

项目	2015 财年	2016 财年
广告收入	496204	527051
发行收入	313685	328599
其他收入	249963	245533
合计	1059852	1101183

国家媒体集团的总裁汤姆·哈蒂（Tom Harty）称，"2016财年广告和发行收入的增长，反映了我们的品牌仍继续吸引着各个年龄段的成年女性"。

广告收入增长6%，达到5.27亿美元，很大程度上归功于近年收购的《塑形》（SHAPE）和《玛莎·斯图尔特》（Martha Stewart）。其中，印刷型广告增长3%，《塑形》和《玛莎·斯图尔特》领先，《十全菜谱》（Allrecipes）和《饮食健康》（Eating Well）表现强劲；数字广告增长16%，由《塑形》领先，《美好家园》《父母》《十全菜谱》表现出色。国家媒体集团以其富有竞争力的机制促进杂志广告份额的增长，达到41%的新纪录。

发行收入增长5%，达到3.29亿美元，反映了国家媒体集团的发行业务在3000万个杂志订户基础上的持续强劲增长。《塑形》和《玛莎·斯图尔特》领先，《十全菜谱》和《饮食健康》表现强劲。此外，国家媒体集团继续进行战略投资，通过发行活动（包括扩大订阅量）等增加收入。

国家媒体集团收入的增长，并不依赖于传统的广告，其品牌授权活动亦呈现创纪录的成绩。品牌授权的收入持续增长，《美好家园》系列授权产品的3000多种即供产品在全国4000多家沃尔玛商店及其网站拥有强劲的销量，在墨西哥和中国的市场正在蓬勃兴起。根据《全球授权》（*License!Global*）杂志提供的数据，梅里迪斯集团的品牌授权活动在世界排名第二。最近，梅里迪斯集团就《美好家园》品牌的项目更新与沃尔玛、FTD公司的授权关系；与Realogy扩展《美好家园》品牌的房地产项目；基于《十全菜谱》《美好家园》《塑形》品牌，建立新的授权关系。

在数字平台方面，每月有8000万以上的独立访问者。梅里迪斯的消费者数据库更是拥有了1.25亿个美国消费者的信息。

遗憾的是，2016年4月，梅里迪斯运营多年的关注女性生活方式的品牌《摩尔》（More）宣告停刊。

二、地方媒体集团的业绩

地方媒体集团拥有和运营着17家电视台，进入美国11%的电视家庭。地方媒体集团的投资组合集中在规模大的、快速增长的市场，7家电视台进入全国电视台25强，在50大市场中占到13席。地方媒体集团的电视台每周生产超过660个小时的地方新闻和娱乐内容。

与2015财年相比，尽管减少了0.31亿美元的高利润的政治广告，2016财年地方媒体集团的收入仍增长3%，达到5.48亿美元（见表3）。不含特殊项目，2016财年地方媒体集团的经营利润为1.59亿美元。

表3　地方媒体集团2015—2016财年收入情况（单位：千美元）

项目	2015 财年	2016 财年
非政治广告收入	356547	374104
政治广告收入	43797	13047

项目	2015 财年	2016 财年
其他收入	13398	161294
合计	413742	548445

地方媒体集团的总裁保罗·卡波威兹（Paul Karpowicz）称，"2016财年是非选举年，但我们仍表现出色"。

非政治广告收入增长5%，达到3.74亿美元。由新加入的莫比尔-彭萨科拉（Mobile-Pensacola）的WALA、斯普林菲尔德（Springfield）的WGGB引领，既有的亚特兰大（Atlanta）的WGCL、圣路易斯（St. Louis）的KMOV、堪萨斯城（Kansas City）的KCTV亦表现强劲。

政治广告收入为0.13亿美元，可观的收益主要是来自内华达州（Nevada）、密苏里州（Missouri）、康涅狄格州（Connecticut）的电视台。

数字广告收入增加13%，一系列增长策略继续推动地方媒体集团的数字业务获得更高的广告价位。

其他收入和运营费用的增加，主要归于有线电视和卫星电视运营商的转播收入增长，以及支付给所附属网络的较高的节目费用。

在2016年5月尼尔森（Nielsen）公布的评级数据中，地方媒体集团在波特兰（Portland）、哈特福德（Hartford）、格林维尔（Greenville）、拉斯维加斯（Las Vegas）、萨吉诺（Saginaw）5个市场的电视台在晚间新闻排名第一，在菲尼克斯（Phoenix）、波特兰（Portland）、哈特福德（Hartford）、莫比尔（Mobile）、萨吉诺（Saginaw）5个市场的电视台在早间新闻排名第一。

梅里迪斯集团的总裁兼首席执行官史蒂芬·M.莱西（Stephen M. Lacy）称，"在2016财年，我们的表现非常出色，公司收入创下新高，抵消了预料中的政治广告的周期性下降；我们通过杂志媒体品牌、电视台和数字技术平台等，整合近期的战略性收购；增加8%以上的股息，继续实施股东总回报策略；偿还1亿美元的债务，强化资产负债表"。他对梅里迪斯未来的发展充满信心："展望2017财年，我们期待创下新的纪录，每股收益3.50—3.80美元，盈利增长预期由公司一系列多元化的商业活动来推动，包括稳健的政治广告周期、较高的转播收入、强劲的数字广告增长。"

从美国《十全菜谱》杂志看网生杂志出版的发展潮流

周宇楠　叶　新

21世纪是数字信息的时代，杂志作为传统纸媒的标志性产物，大多试图紧跟这股数字化潮流，拥抱新技术，脱掉被视为过时的印刷品外衣，一些传统杂志因而脱胎换骨，取得了巨大的成功。然而任何时代都不乏反其道而行的勇士，一些土生土长的网络品牌将目光转回到纸媒，走出了一条"数字到纸媒"（digital to print）的反向操作模式道路。美国梅里迪斯集团旗下的《十全菜谱》杂志（*Allrecipies*）正是以这种反向模式为基础的典型案例，也是目前较成功的网生杂志品牌。

一、《十全菜谱》杂志的创建背景及过程

在"互联网+"逐渐转化为媒体行业发展的常规业态时，传统纸媒

的发展却逐渐陷入了模式固化的困局。而在媒介融合较为成熟的美国出版业，以网络大数据为依托的网生杂志的兴起证明了"互联网+出版"还存有极大的发展空间。网生杂志虽在我国尚未成熟，但势必将成为未来"互联网+出版"发展的一种新常态。本文将以美国梅里迪斯集团的《十全菜谱》杂志为例，阐述网生杂志的运营模式，以期为我国出版业的数字化转型提供新思路。

《十全菜谱》杂志脱胎于十全菜谱网站（Allrecipies.com），后者是世界上最大的食品菜谱网站。该网站创建于1997年，因为创始人之一蒂姆·亨特（Tim Hunt）苦于无法在网上找到他最喜欢的曲奇食谱，便由此产生了建立菜谱网站的想法。最初亨特等人在西雅图的新兴媒介公司（Emergent Media）创建了曲奇食谱网，后来逐渐增加了糕点食谱网、鸡肉食谱网、馅饼食谱网和牛肉食谱网。在创设了38个不同种类的食谱网站后，公司将所有网站合并为十全菜谱网站。

十全菜谱网站每年有着十几亿的访问量，在全球23个国家和地区建立了13种不同语言的18个网站，影响着上亿个家庭的餐桌生活。2006年美国《读者文摘》（*Reader's Digest*）以6600万美元的价格收购了十全菜谱网站，2012年梅里迪斯公司（Meredith Corporation）又以1.75亿美元的最终价格将其正式纳入麾下，是前者售价的2.5倍还多。

就在梅里迪斯收购十全菜谱网站的第二年，虽然该网站已在社交媒体和移动终端上取得了巨大的成功：它在YouTube上的频道拥有超过60万的订阅量，手机App下载量也已经超过2300万次，但这个以出版和营销见长的传媒巨头仍希望通过其他的渠道来进一步强化整个十全菜谱品牌，《十全菜谱》杂志便应运而生。

对于梅里迪斯公司的这个决定，有的人说这是"逆流而行"的倒退之举，有的人认为这不过是其对纸媒的情怀作祟，而梅里迪斯却在十全菜谱品牌以及杂志这个媒介平台自身看到了新的可能，探索出一种前所未有的杂志运营模式——网生杂志（Network Generated Magazine，NGM）模式的可行性。之所以将其命名为网生杂志，是因为它是一种以互联网为依托所建立的纸质杂志，是纯粹的网络运营商将其业务拓展到印刷媒体的产物。网生杂志是以一个成熟且信息资源丰富的网络媒体为前提而产生的，《十全菜谱》杂志正是网生杂志的典型案例。

网生杂志的产生，让我们不免想到20世纪五六十年代电视媒体作为新媒介产生之后，虽然极大地挤压了杂志的生存空间，但也整合了电视媒介（新媒介）和杂志媒介（老媒介）两者的优点，产生了《电视指南》和《人物》这样的新杂志类型，而电视台同时也产生了所谓的"六十分钟杂志"这样的新闻节目。

2013年11月，梅里迪斯公司宣布其会在即将到来的节日美食季推出首期《十全菜谱杂志》。这是一本双月刊，一年发售6期，单价4.99美元，全年订阅价12美元，首刊发行基数为50万册。

为了这次的新刊发售，梅里迪斯公司做了充分的调研工作。调查对象主要包括两类：其一是对十全菜谱的网站用户进行线上问答测试，作为该杂志的核心目标消费群体，他们的态度直接决定了该杂志创刊的可行性；其二是对全美各地报刊销售点进行调研，获得零售商对该杂志的态度。调查的结果显示有近40万用户愿意付费订阅该杂志，这已经远远超出了梅里迪斯的预期。

梅里迪斯国际传媒集团总裁汤姆·哈蒂（Tom Harty）说："十全菜谱网站是一个独特而强大的媒介品牌，此次调查再次证明了它对消费者惊人的吸引力。我们认为广告商将会把《十全菜谱》杂志视为一个全新且令人激动的平台，以便其能拥有平台上基数庞大的活跃消费者。"正因如此，梅里迪斯决定将杂志的创刊号定在50万册，没想到一出版就销售一空，梅里迪斯不得不在来年增发了15万册，并于2014年9月再次增发25万册，此时的每期发行量达到90万册。2015年1月，《十全菜谱》杂志宣布他们将在2月增发20万册，每期发行量增长到110万册。截至2016年，《十全菜谱》杂志的每期发行量已经到了130万册，比创刊初期增长了160%，一跃成为拥有760万读者的一线食品类杂志，而达到这一切只用了短短3年的时间。2013—2016年《十全菜谱》杂志发行量增长趋执如图1所示。

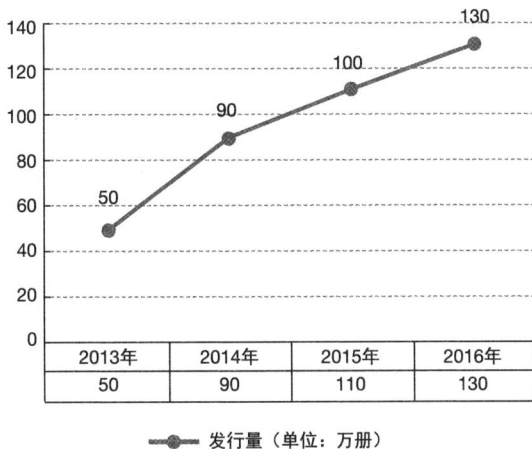

	2013年	2014年	2015年	2016年
	50	90	110	130

●— 发行量（单位：万册）

图1　2013—2016年《十全菜谱》杂志发行量增长趋势

二、《十全菜谱》杂志的网生杂志运营模式

《十全菜谱》杂志的大获成功无疑引发了整个出版行业对网生杂志模式的关注，也让传统印刷出版业看到了一种新的生存可能。以《十全菜谱》杂志为例，我们可以从以下三个方面来初步了解整个网生杂志运营模式的特点。

（一）以成熟的社交网络品牌为基础

作为世界上最大的食品类网站，十全菜谱网站本身就是一个非常成熟的数字化品牌。它给用户提供了一个展示和分享自己烹饪体验的平台，在这里，热爱厨艺的人们能够相互交流、相互激励，而正是这一特性给十全菜谱品牌带来了无限的商业潜力。

首先，网站给线下杂志带来了基数庞大的潜在消费者。梅里迪斯将十全菜谱网站庞大的用户量视为杂志的核心消费群体。杂志发行前期关于网络用户的调查显示，十全菜谱的核心消费者愿意且希望获得该品牌在不同媒介平台上的全部内容，而杂志作为整个十全菜谱品牌的延伸，本质上是让那些体验过数字化网络服务的消费者乐意为高质量的纸质印刷品付费，从而获得不同的品牌体验。

其次，网站能让杂志更加了解读者的喜好。十全菜谱将网站和杂志打造成为一个消费者意见反馈的循环路径。网站作为原始消费者的聚集平台，拥有庞大的数据资源，既包括来自世界各地的用户上传的海量菜谱，还包括用户使用网站时所留下的历史信息。凭借这些信息，《十全菜谱》杂志的操作团队就能够及时了解消费者的喜好，提供符合当下潮流趋势的内容，以充分吸引读者的注意力，从而与读者产生强烈的共鸣，进一步提高品牌的凝聚力和核心竞争力。

（二）精准定位和多平台协调

梅里迪斯对《十全菜谱》杂志的商业定位是，通过印刷品的新形式来提升十全菜谱的品牌价值。这意味着杂志必须作为一个独立的媒介平台而存在，而非网络的简单衍生物。

实际上，由于媒介载体的特性不同，作为大众传播的经典工具之一的杂志本身就有着独特的优势。与网络和移动App相比，杂志所提供的内容是由整个专业的编辑团队进行挑选、整合后呈现出来的。由专业摄影团队打造的精美图片、顶级厨师推荐的食谱、一流编辑团队精心设计的内容版式，无一不给读者带来崭新的阅读体验。此外，消费者本身对网络和杂志的诉求不尽相同。人们往往带着一个特定的需求上网，以期得到符合所求标准的答案，这同样是网络搜索和内容定制功能不断进化的原动力。而对于杂志，消费者则更具不确定性，也许有些人仅仅因为喜欢封面而翻开一本杂志，而不是真的希望从中获得什么具体的答案。从周期上来看，杂志则能够以一个长远的视角，为读者呈现出那些可能被网络"过滤壁垒"（Fliter Bubble）阻挡了的新内容，对此《十全菜谱》杂志的编辑团队将其称为"沧海遗珠"（hidden gems）。

在各媒介的协调上，《十全菜谱》杂志充分利用了网生杂志的先天优势。该杂志的主编谢丽尔·布朗（Cheryl Brown）说过："我们想要倾听那些每天自己做饭的人的声音，了解他们的喜好，正是这些人造就了十全菜谱网站的巨大成功。他们对烹饪的理解以及对新菜式的创造，是让《十全菜谱》杂志如此具有吸引力的重要原因。"布朗还介绍到，在《十全菜谱》杂志每期的策划过程中，杂志编辑团队始终与网络运营团队保持着密切的合作。他们通过密切关注网络上用户的偏好趋势，来构建每一期杂志的主题内容，为读者提供他们最想要而又最容易被忽视的新内容。从2013年《十全菜谱》杂志发售的第一期开始，其中就常设有推荐"十全菜谱超级明星"栏目（*Allrecipes Superstar*），这个栏目中汇集了编辑所挑选出的网站最受欢迎的食谱排行，每个菜谱介绍还包括网站用户做菜的心得与趣闻。2016年4月，《十全菜谱》杂志进行了全面改版，涉及杂志标识的重新设计并且采用了创新性的版式和图片设计。值得一提的是，此次杂志改版与十全菜谱网站改版相互结合，网站同样调整了图片和评论模式以方便用户获得更好的使用体验。此外，新版网站还强化了个性化信息推送功能，在十全菜谱社交平台上增加了更多的分享和交流方式，并添加了杂志介绍版块来吸引杂志带来的新用户。

十全菜谱网站的董事长斯坦·帕弗洛斯基（Stan Pavlovsky）认为，线下杂志的核心编辑理念是和其他线上产品取长补短、相互协调，以带给消费者最全面、最完美的个人体验。而杂志作为一个独特的媒介载体，能够将网站用户的创意和专业团队的思想完美融合在一起，以此构建出最贴近读者生活的交流平台。正如斯坦所说的那样："仅凭一个媒介平台就能应付所有情况的日子已经一去不复返了，媒介品牌必须不断提供最新的潮流信息才能取悦用户，而一个强大的品牌必须依靠多平台运营才能生存下去。"

（三）潜力巨大的广告价值

梅里迪斯创建《十全菜谱》杂志的另一个重要原因，是其网络资源与纸媒结合所带来的巨大的广告价值。

庞大的用户资源是吸引广告商的主要原因。截止到2016年末，十全菜谱网站拥有全美将近1.2亿的女性用户，其中65%的用户家庭年均收入为7.5万美元，有79%的用户是80后、90后。《十全菜谱》杂志拥有760万读者，平均年龄47岁，有37%的用户是80后、90后的新生代读者。如此庞大的具有一定经济能力的消费者群体，本身就具有无可估量的潜在广告价值，这无疑对广告商有着难以拒绝的诱惑。

此外在广告环境和回报率上，杂志本身就比网络媒体更具优势，进军纸媒，才能将用户资源转化为广告利润，梅里迪斯公司俨然深谙此道。密西西比大学杂志革新中心主任萨米尔·胡斯尼（Samir Husni）博士将这种优势称为"福利信息社会"（welfare info society），即人们总是期待免费在互联网上获得信息，却总是心甘情愿地为纸质出版物付费。就广告而言，读者并不会极度反感杂志上刊登的广告，有时反而把翻看精美的广告当作是享受阅读的过程，尤其是时尚杂志中那些赏心悦目的产品广告总是更能吸引人的眼球。在网络中这种情况却恰恰相反，用户习惯将广告视为一种视觉入侵，认为它会干扰自己的阅读体验，而碎片化的阅读时间也不足以让广告给人留下深刻的印象。胡斯尼博士还说："阅读杂志上的广告，就像是你住在自己家里，可以随心所欲地从一个房间挪到另一个房间；而网络上的广告，则像是你正舒服地躺在沙发上时，有人狠狠地把你踢了下来。"

正因如此，《十全菜谱》杂志不仅仅是读者分享和交流的平台，更是广告商们狂欢的沃土。在该杂志的2013年创刊号中就有六家家喻户晓的公司品牌刊登广告，其中包括通用汽车（General Motors）、盖可保险公司（GEICO）、雀巢（Nestlé）、寝浴百货（Bed Bath & Beyond）、康尼格拉食品公司（ConAgra）以及达美乐比萨（Domino），这些品牌广告的加入证明了十全菜谱杂志品牌的独特地位和巨大的广告价值。到2016年的圣诞节特刊问世时，全本杂志的广告页份额从原先的13%增长到了22%，其中的大牌广告则包括沃尔玛（Walmart）、ACH食品（ACH Foods）、美国精制糖（American Sugar）、卡夫食品（Kraft）、松下电器（Panasonic）、斯奈德-兰斯零食（Synder's-Lance）等13个不同种类的知名品牌。

表1　2014—2016年梅里迪斯公司杂志广告页变化表

梅里迪斯旗下杂志	2016年广告总页数／页	2016年同比增长率	2015年广告总页数／页	2015年同比增长率	2014年广告总页数／页
美好家园（Better Homes and Gardens）	1009	−8%	1099	−6%	1174
父母（Parents）	994	−7%	1074	−14%	1256
家庭天地（Family Circle）	948	−1%	956	−1%	962
塑形／健康（SHAPE/Fitness）	905	26%	720	−1%	729
玛莎·斯图尔特生活（Martha Stewart Living）	565	88%	301	无	无
传统家庭（Traditional Home）	496	1%	493	0%	495
和瑞秋·雷在一起的每一天（Rachael Ray Every Day）	491	−4%	513	−18%	628
家庭乐趣（FamilyFun）	418	−5%	441	−19%	543
中西部生活（Midwest Living）	373	4%	358	−11%	402
更多（More）	296	−48%	565	−8%	611
健康饮食（Eating Well）	286	11%	257	−12%	293

梅里迪斯旗下杂志	2016年 广告总 页数/页	2016年 同比增 长率	2015年 广告总 页数/页	2015年 同比增 长率	2014年 广告总 页数/页
健康孕婴/美国宝宝 （Fit Pregnancy and Baby/American Baby）	254	−18%	309	−11%	348
十全菜谱（Allrecipes）	222	35%	164	71%	96

数据来源：梅里迪斯集团2016年年报

　　根据梅里迪斯公司2016年年报中所公示的信息，表1显示了其2014年6月至2016年6月13家订阅杂志的广告页总数和增长变化。虽然2016年梅里迪斯旗下订阅杂志的广告总收入和广告页总数仍保持上升态势，但其总体增长率却以每年七八个百分点的速度不断下降。《十全菜谱》杂志作为一个新生的杂志，是其中唯一连续三年广告页总数持续增长的订阅杂志，弥补了老牌杂志《美好家园》（Better Homes and Gardens）的颓势，成为梅里迪斯旗下最具广告潜力的订阅杂志之一。

　　对于《十全菜谱》杂志来说，广告商同读者一样是其重要的消费群体，而前者在一定程度上还担负着制造内容的功能。就广告商而言，杂志是一个绝佳的广告环境，它用文字构筑了一个更具公信力和影响力的意义空间，让读者在不知不觉间接纳故事中的广告信息。

三、网生杂志的发展与媒介融合趋势

　　网生杂志模式为我们提供了一个全新的视角，来审视互联网时代下媒介融合趋势。它再次向人们证明了媒介融合绝非一条单行道，传统印刷出版业也并不总处于食物链的最底层。

　　实际上，除了《十全菜谱》杂志之外，近年来其他领域也出现了不少网生杂志的佼佼者。2014年2月，英国顶尖线上时尚奢侈品零售商颇特（Net-a-Porter）集团创立了《颇特》杂志（Porter），现已在全世界60多个国家和地区的220多个城市发售，目前《颇特》杂志已经成功跻身一线时尚杂志的阵营，和老牌时尚杂志《时尚》（*Vogue*）一样成为世界时尚的领导者。同年11月，美国最大的在线房屋短租网站爱彼迎（Airbnb）创立了自己的《菠萝》（*Pineapple*）季刊，第一期在北美和欧洲地区发售，发行量为1.8万册，每一册杂志都有独立的编号，《菠萝》杂志每期将结合网站用户的旅行印象和旅行地特色来介绍3个不同的城市。爱彼迎网站意在通过《菠萝》杂志平台，来向读者传递品牌故事，以构建更为紧密的用户关系。除此之外，科技讯息网（CNET news）也拓展了它的杂志业务。由此可见无论是食品还是科技，专业服务行业杂志能够在最大程度上发挥自身的媒介优势，来弥补网络媒介的缺憾，两者相互协作，从而向消费者传递更全面的信息。

网生杂志是互联网玩家应对数字化变革而杀出的一条血路，也许这种模式形式上与主流的数字化转型浪潮背道而驰，但其本质上体现了"互联网+"时代媒介融合的必然趋势。同时它也证明了虽然信息社会在不断地演进，但现有的传统印刷媒介并不会真正地消亡，反而在和网络媒介的融合中涅槃重生。杂志也好，报纸也罢，旧的生产方式或许已在进化中灰飞烟灭，而其在本质上则依旧

参考文献

[1] Patrick Taylor. Meredith's highly anticipated allrecipes magazine launches today[EB/OL].（2013-11-05）[2017-06-25]. http://www.magazine.org/node/28619.html.

[2] Cobus Heyl. How meredith built allrecipes into a digital-to-print, multichannel success[EB/OL].（2015-11-17）[2017-06-25]. http://www.fipp.com/news/features/how-meredith-built-allrecipes.html.

[3] Meredith Corp. Meredith 2015 Annua Report[R/OL].（2015-06-30）[2017-06-25]. https://ir.meredith.com/financial-information/?section=An nualReports.pdf.

[4] Piet van Niekerk.Why are successful online businesses launching print titles? [EB/OL].（2015-01-28）[2017-06-25]. http://www.magazine.org/node/25860.html

[5] Piet van Niekerk.Why are successful online businesses launching print titles? [EB/OL].（2015-01-28）[2017-06-25]. http://www.magazine.org/node/25860.html

[6] Meredith Corp.Meredith 2014 Annua Report[R/OL].（2014-06-30）[2017-06-25]. https://ir.meredith.com/financial-information/?section=An nualReports.pdf.

[7] Meredith Corp.Meredith 2016 Annua Report [R/OL].（2016-06-30）[2017-06-25]. https://ir.meredith.com/financial-information/?section=AnnualReports.pdf.

（原载《科技与出版》2017年第9期）

坚持与改变
——管窥2017年梅里迪斯财报

杨　霄　叶　新

梅里迪斯公司（Meredith Corporation）是美国一家面向大众消费市场的传媒巨头，1902年以农业杂志起家，多年来坚持在家庭家居消费领域深耕细作，如今已经成为仅次于时代公司、赫斯特杂志集团的全美第三大消费类杂志公司。它拥有涵盖出版印刷、广播电视、数字媒体、移动媒体和视频媒体在内的多元化媒体平台，这也是它向用户按需提供内容、向广告与营销伙伴传递信息的基础。在2017财年，梅里迪斯公司总体而言获得了不错的业绩，多项财务指标创下了历史新高，但同时也显示出在传媒业巨变的大背景下，公司经营承受着很大的压力，管理层致力于寻求突破。

一、业务概况：两大板块

梅里迪斯公司的业务分为国家媒体集团（national media）和地方媒

体集团（local media）两大部分。

（一）国家媒体集团

国家媒体集团拥有通过多媒体平台传播的全国领先的消费类媒体品牌，多媒体资源包括纸质杂志及其网站、数字移动媒体、品牌授权、数据库营销和通过B2B经营的产品和服务，公司业务专注于家庭、家居、饮食、亲子和生活方式营销，在女性媒体市场处于绝对领先地位。2017年，梅里迪斯公司印刷出版了超过20种订阅杂志，以及大约140种专刊。它们当中的大部分都有数字版出售，用户可以通过市场上常见的平板设备上的一个或多个数字报刊亭获得。全国媒体集团的数字媒体资源由50多个互联网站、大约50个移动网站和大约20个App组成，也包括顾客关系数字营销，即为用户提供专业的市场产品和服务咨询、庞大的消费者数据库检索，以及品牌产品授权。

（二）地方媒体集团

地方媒体集团包括18个电视台以及相关的数字移动媒体平台，主要分布在美国经济增长迅速的区域。18个电视台中，7个附属于CBS（哥伦比亚广播公司），5个附属于FOX（福克斯广播公司），2个附属于MyNetworkTV（我的网络电视），1个附属于NBC（美国全国广播公司），1个附属于ABC（美国广播公司），还有2个独立电视台。数字移动媒体包括12个互联网站、12个移动网站和大概30个App，内容涉及新闻、体育和天气相关的信息。

梅里迪斯公司主要的收入来源是媒体广告，广告收益规模受国家整体经济状况和区域经济状况的影响，地方媒体集团和国家媒体集团的收益及运营结果受到广告需求变化和消费者对公司产品的需求变化的影响。电视广告在某种程度上有季节性和周期性的特点，通常在第二财季（7月1日—10月1日）和第四财季（4月1日—6月30日），以及重要的政治性竞赛和重大体育赛事期间会产生更高的收入。其杂志的发行收入普遍受到国家和地区经济状况以及其他形式媒体竞争的影响。

二、财报解析：喜忧参半

从2017财政年度（2016年7月1日—2017年6月30日）报告来看，梅里迪斯公司可以说是喜忧参半。

（一）传统优势资源持续发力

表1　梅里迪斯公司2013—2017年经营业绩（单位：亿美元）

	2017财年	增减幅	2016财年	增减幅	2015财年	增减幅	2014财年	增减幅	2013财年
地方媒体集团收入	6.30	14.96%	5.48	2.62%	5.34	34.51%	3.97	3.93%	3.82
国家媒体集团收入	10.83	−1.63%	11.01	3.87%	10.60	−1.12%	10.72	−1.56%	10.89
总收入	17.13	3.88%	16.49	3.45%	15.94	8.51%	14.69	−0.14%	14.71
营业利润	3.09	135.88%	1.31	−45.87%	2.42	29.41%	1.87	−11.37%	2.11
净利润	1.89	455.88%	0.34	−75.18%	1.37	20.18%	1.14	−8.06%	1.24
每股收益	4.16	454.67%	0.75	−75.17%	3.02	20.80%	2.50	−8.76%	2.74

从表1来看，2017年梅里迪斯公司收入、利润和每股收益均创历史新高。营业收入高达17.13亿美元，比2016年增长了3.88%；其营业利润为3.09亿美元，比2016年增长了135.88%；其净利润1.89亿美元，比2016年增长了455.88%。2017年每股收益更是创下了4.16美元的新纪录。2013—2017年，它的地方媒体集团收入稳步增长，但是国家媒体集团的情况却不容乐观。从营业利润来看，同2013—2016年的平稳业绩相比，2017年公司的营业利润可圈可点，是个丰收年。根据财报的描述，2017年取得如此优秀的业绩主要得益于公司多年针对用户的深耕细作积累了

大量客户资源，这是它最宝贵的财富。在2017年，公司执行了一系列战略计划，加强了其同消费者的联系。

第一，梅里迪斯公司通过它的多媒体平台继续维护和进一步加强它们和消费者之间已经拥有的稳固关系。

2017年5月尼尔森统计数据显示，它有10家电视台的收视率在早间或晚间新闻中排名前二。根据2017年春季GFK媒体调查专项研究报告，它旗下杂志的成人读者超过了1.05亿。根据ComScore公司统计，它的数字网站的访问量为平均每月8600万人（重复访问不计入统计），访问量比上一年增长了8%。在美国的千禧一代女性当中，有超过70%的女性是梅里迪斯公司的用户。此外，它的数据库有1.25亿的用户数据，覆盖了80%的美国家庭。这是它们能够成功分析和定位消费者市场、广告客户、营销伙伴信息的关键。

第二，公司继续扩张跨媒体组合。

从地方媒体集团来看，2016年12月，梅里迪斯公司收购了家庭服务市场的一家数字媒体公司，这家公司致力于潜在客户开发。2017年4月，它收购了坐落在乔治亚州亚特兰大的特纳广播公司（Turner Broadcasting）的独立电视台WPCH（Peachtree TV，桃树电视台）。在收购之前，它已经接手了WPCH的日常运营业务，包括广告销售、市场推广和技术运营，这次收购创造了公司第五个自有和运营的双头垄断市场。它还拥有CBS公司坐落在亚特兰大的附属电视台WGCL，并在几个市场增加了新闻广播，进一步加强了市场竞争地位。2017年5月，它与安德鲁斯麦克米尔公司（Andrews McMeel Universal）合作推出了线上色彩工作室（the Posh Coloring Studio），这是第一家面向成人的开放进入式色彩工作室。

从国家媒体集团来看，2016年7月，梅里迪斯公司宣布和乔安娜和奇普·盖恩斯夫妇（Joanna and Chip Gaines）所有的木兰品牌

（Magnolia brand）合作，发行生活类季刊《木兰杂志》（*Magnolia Journal*）。这本杂志在报刊亭上架两周之后，由于市场需求旺盛，梅里迪斯公司迅速重版，将期发量从40万份增加到60万份，这本杂志有望成为梅里迪斯公司历史上发行第一年即获得最高利润的杂志。从综合付费订阅和零售的销量来看，现在这本杂志的每期销量已经超过了90万册。另外，梅里迪斯公司还宣布成立一个以《美好家园》品牌为基础的书刊店和以《餐叉胜于手术刀》（*Forks Over Knives*）品牌为基础的报刊亭。2017财年，梅里迪斯公司两大订阅杂志的新logo首次亮相。《家庭圈》2016年9月以全新的logo、栏目布局、字体和醒目的配图出现在读者的面前，新设计的内容导航更为人性化，故事版块更为有趣。《家居与花园》（*Homes & Gardens*）2017年1月期也使用了新的logo，新设计更好地平衡了"家（Homes）"和"花园（Gardens）"两部分，创造了一个体现多媒体平台的品牌标识。

第三，公司延续在传统优势领域的合作协议。

从地方媒体集团来看，公司续签了和CBS在亚特兰大、凤凰城、堪萨斯城、弗林特、萨吉诺的附属电视台协议，协议有效期到2021年。公司也将和FOX在波特兰、拉斯维加斯、格林维尔、莫比尔和斯普林菲尔德的附属电视台之间的协议延长到了2019财年。

从国家媒体集团来看，公司更新了它与沃尔玛连锁超市的品牌授权项目。这个项目中有超过3000SKUs（库存单元）的《美好家园》品牌延伸的产品，这些产品在沃尔玛的官方网站和5000家门店都有销售。

另外，公司在其他品牌的基础上也发展了新的品牌授权项目。2016年9月，《饮食健康》（*Eating Well*）品牌延伸的冷冻主食系列产品在不同国家和地区的杂货店启动，由于消费者对这些产品的强劲需求，2017下半年公司计划增加分销店。同时还有《塑形》（*SHAPE*）品牌延伸的健身服装系列产品。

（二）广告收入小幅度增长

表2　梅里迪斯公司媒体收入（单位：亿美元）

	2017	增减幅	2016	增减幅	2015
广告总收入	9.341	2%	9.142	2%	8.965
政治性广告收入	0.625	381%	0.130	−70%	0.438
非政治性广告收入	8.716	−3%	9.012	6%	8.527
发行收入	3.220	−2%	3.286	5%	3.137
其他收入	4.572	12%	4.068	6%	3.840
合计	17.133	4%	16.496	3%	15.942

根据表2所示，梅里迪斯公司的收入主要由广告、发行和其他收入三部分组成，其中广告收入约占总收入的一半。2017财年广告收入9.34亿美元，比去年同比增长2%。支撑2017年广告收入增长的原因有以下两点。

第一，数字广告收入强劲增长。

梅里迪斯公司每年都会在财报中专门提及数字广告收益，可见对这部分业务非常重视，期望数字广告收益作为新的增长点可以对冲掉传统广告业务的下滑，总的来说目前已基本达到了管理层的预期。图1显示了国家媒体集团数字广告收入在公司广告总收入中的占比增长情况，从2010年的微不足道到现在占有三分之一的份额，数字广告收入已经是公司总体业绩的重要支撑。梅里迪斯公司的数字广告业务主要在国家媒体集团，它并未单独披露国家媒体集团和地方媒体集团独立的数字广告收入数据，但据公司统计，从整体来看，2016财年的数字广告收入比2015财年增长15%，2017财年比2016财年增长20%以上。

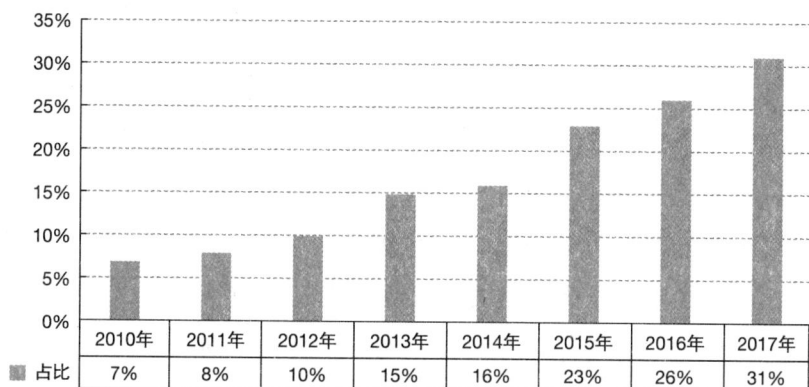

	2010年	2011年	2012年	2013年	2014年	2015年	2016年	2017年
占比	7%	8%	10%	15%	16%	23%	26%	31%

图1　2010—2017年国家媒体集团数字广告收入占广告总收入之比

第二，政治性广告收入处于周期高点。

梅里迪斯公司的传统优势在消费类媒体领域，政治领域并非公司的强项，但是在2015年中期选举年和2017年美国大选年，公司的政治性广告收入都取得了不错的成绩。公司的政治性广告收入集中在地方媒体集团，2017年政治性广告收入达6250万美元，比2016年增长了381%，比2015中期选举年的4380万美元增长了43%。其他收入主要是来自有线电视、卫星和电信运营商的转播版权付费，因为转播授版权费的增长，2017年其他收入增长了34%。详细情况见表3。

表3　2015—2017年地方媒体集团广告收入（单位：亿美元）

	2017	增减幅	2016	增减幅	2015
非政治性广告收入	3.515	−6%	3.741	5%	3.565
政治性广告收入	0.625	381%	0.130	−70%	0.438
其他收入	2.161	34%	1.613	20%	1.340
总收入	6.301	15%	5.484	3%	5.343

（三）数字背后的隐忧

然而在亮眼的财务数据背后，也有不少隐忧。

第一，与净利润的大幅增长形成对比的，是营业收入的缓慢增长。

从表4可见，2016财年的净利润基数畸低，主要是当年计提了无形资产减值。2016财年，国家媒体集团的梅里迪斯智能营销公司（Meredith Xcelerated Marketing，MXM）部分由于经营状况低于预期，公司对该部分提取了1.196亿美元的商誉减值，减值幅度达68%。《美国婴儿》（*American Baby*）商誉减值0.389亿美元，加上其他无形资产减值，对2016年净利润影响合计为1.615亿美元，而2017财年无形资产减值仅为620万美元。除去这个非经常性盈亏因素，2017年则与2016年的净利润基本持平，这表明梅里迪斯公司2017财年的经营状况只能用"平稳"来形容，营业利润并非如报表显示的有了大幅增长。截至2017年6月30日，梅里迪斯公司的无形资产（包括商誉、商标、牌照等）总值18.63亿美元，占资产总额的68%，未来如果新媒体持续削减对传统媒体的上述核心资产的生产能力，集团无形资产价值减值将会给资产负债和利润都带来巨大的冲击。

表4 2015—2017年梅里迪斯公司年经营业绩（单位：亿美元）

	2017	增减幅	2016	增减幅	2015
收入	17.134	4%	16.496	3%	15.942
成本及费用	13.441	0%	13.419	4%	12.943
折旧及摊销	0.539	−9%	0.591	5%	0.565
商誉减值及其他长期资产	0.062	−96%	1.615	n/m	0.013
合并终止费	—	−100%	(0.435)	n/m	—
营业成本合计	14.042	−8%	15.190	12%	13.521
营业利润	3.092	137%	1.306	−46%	2.421
净利润	1.889	457%	0.339	−75%	1.368

第二，从表2我们可以看出2015—2017年梅里迪斯公司的广告总收入基本持平，得益于数字广告收益的快速增长，才能基本弥补传统广告

业务的下滑，但目前的表现还不足以完全扭转广告收入整体上增长乏力的疲态。相对而言，数字广告收入的增长在国家媒体集团更快一些，2017年国家媒体集团广告收入下降了1%，但它的数字广告收入增长了21%，杂志广告收入下降了9%（主要原因是《摩尔》杂志的停刊）。2017财年公司数字广告收入总体增长逾20%，其中在地方媒体集团中数字广告收入的增长为17%，管理层承认在地方媒体集团数字广告收入方面还有很大发展空间，如何将集团庞大的客户流量转化为真金白银，是管理层面临的巨大挑战，也是近年屡次强调的重点。

第三，美国政治性选举活动的周期性特点导致政治性广告收入难以持续。从表2可以看出，2017年（美国大选年）的政治性广告收入比2016年增长381%，而2016年比2015年（美国中期选举年）减少了70%。梅里迪斯公司的擅长领域是消费类媒体市场，它在政治领域较为弱势，虽然在2017年的总统选战中分到了一杯羹，但2018财年没有重大政治性选举活动，再加上美国总统特朗普上台后更是屡屡抨击CNN（美国有线电视新闻网）等传统媒体，更多地依靠Twitter（非官方汉语通称"推特"）治国，预计未来的政治性广告会进一步从传统媒体向新兴社交媒体转移，所以对梅里迪斯公司来说，政治性广告业务将面临更大的压力。

三、面对变局：梅里迪斯公司的发展战略对传统出版社的启示

第一，面对新媒体的冲击，传统出版社要坚守自己的品牌价值。

梅里迪斯公司2016财年计提了1.196亿美元的商誉减值，减值幅度达68%，这是新媒体对传统媒体品牌价值产生冲击的最直接表现。新媒体的发展改变了民众的阅读习惯，民众对传统纸质媒体的品牌权威性不

再依赖。传统出版社以前是出版纸质读物的出版商，在新媒体出现以前，纸质读物在人的思想中有天然的权威性。但面对时代的变革，现在的传统出版作为内容生产者，其生产的内容是可以通过多种形式发行的。新媒体时代的消费者更注重的是内容本身的价值和适合性。所以传统出版社要继续发挥自己的资源优势，不管读者从哪个渠道获得内容，传统出版社要有意识地去建立自己的内容在消费者心目中的权威性，从而建立消费者对出版社品牌的信任度，实现品牌价值发展。

第二，新媒体时代背景下，发展用户广度是传统出版社的发展方向。

根据对梅里迪斯公司业务板块的分析，该公司的用户分布范围涵盖了多种平台，基本实现了全媒体发展。传统出版社的用户大多是纸质读物的消费者，这一部分的用户虽然忠诚度高，但是用户市场相对狭窄，而且由于新媒体阅读环境的冲击，这一类读者的流失风险加大。所以传统出版社应该丰富自己获得用户的渠道，而且要注重差异对待不同渠道获得的用户，提升用户体验。只有这样，传统出版社才能在新媒体环境下发展自己广泛的用户基础。

第三，传统出版社应加强对已有用户资源的深耕细作。

梅里迪斯公司的数据库有1.25亿的用户数据，覆盖了80%的美国家庭。公司最宝贵的财富就是，它多年来针对用户的深耕细作积累了大量客户资源，这对传统出版社来说是一个很好的借鉴。新媒体环境下，传统出版社利用多媒体平台发展已经是一个不可逆的方向，传统出版社的发展历史悠久，积累了大量的忠诚用户，这些用户就是它的隐形财富。将已有的纸质读物用户转移到新媒体平台是一个挑战，但挑战往往是和机遇并存的，这些用户对传统出版社的忠诚度高，只要找对方法，针对不同平台定制对这类用户的服务和体验，就能实现对这类用户的二次开发。

参考文献

[1] Meredith Corporation, Meredith 2017 annual report [R]. Meredith Corporation website, 2017.

[2] Meredith Corporation, Meredith 2016 annual report [R]. Meredith Corporation website, 2016.

[3] Meredith Corporation, Meredith 2015 annual report [R]. Meredith Corporation website, 2015.

[4] 沈箐箐.内容出版的品牌信任度研究[D].南京大学, 2011.

[5] 蒋成龙.出版社全媒体出版研究[D].陕西师范大学, 2012.